DIE BONANNO-MAFIA VERBRECHERFAMILIE

MAFIA LIBRARY

© **Copyright 2025 - Alle Rechte vorbehalten.**

Der Inhalt dieses Buches darf ohne direkte schriftliche Genehmigung des Autors oder des Herausgebers nicht reproduziert, vervielfältigt oder übertragen werden.

Unter keinen Umständen kann der Verlag oder der Autor für Schäden, Wiedergutmachung oder finanzielle Verluste, die direkt oder indirekt auf die in diesem Buch enthaltenen Informationen zurückzuführen sind, verantwortlich gemacht werden.

Rechtlicher Hinweis:

Dieses Buch ist urheberrechtlich geschützt. Es ist nur für den persönlichen Gebrauch bestimmt. Du darfst dieses Buch ohne die Zustimmung des Autors oder Herausgebers nicht verändern, verteilen, verkaufen, verwenden, zitieren oder paraphrasieren.

Hinweis zum Haftungsausschluss:

Bitte beachte, dass die in diesem Dokument enthaltenen Informationen nur für Bildungs- und Unterhaltungszwecke gedacht sind. Es wurden alle Anstrengungen unternommen, um genaue, aktuelle, zuverlässige und vollständige Informationen zu präsentieren. Es werden keine Garantien jeglicher Art erklärt oder impliziert. Die Leserinnen und Leser nehmen zur Kenntnis, dass die Autorin oder der Autor keine rechtliche, finanzielle, medizinische oder fachliche Beratung anbietet. Der Inhalt dieses Buches wurde aus verschiedenen Quellen entnommen. Bitte konsultiere einen zugelassenen Fachmann, bevor du die in diesem Buch beschriebenen Techniken anwendest.

Mit der Lektüre dieses Dokuments erklärt sich der Leser damit einverstanden, dass der Autor unter keinen Umständen für direkte oder indirekte Verluste verantwortlich ist, die sich aus der Nutzung der in diesem Dokument enthaltenen Informationen ergeben, einschließlich, aber nicht beschränkt auf Fehler, Auslassungen oder Ungenauigkeiten.

TABLE OF CONTENTS

Einführung 1

Kapitel 1 : Die Ursprünge der Familie Bonanno 7
Maranzano und die amerikanische Prohibition 8

Kapitel 2 : Joe Bananas und der Castellammarese-Krieg 13
Joe betrügt den Boss 13
Die Fünfte Familie von New York City 17

Kapitel 3 : Ehrgeiz und Allianz 23
Bonanno und die Mafia-Kommission 23
1957: Von Palermo nach Apalachin 29

Kapitel 4 : "Er pflanzt überall auf der Welt Fahnen..." 37
Das Komplott gegen die Kommission 37
Die Bonannos und die sechste Familie 42

Kapitel 5 : Der Bananensplit 49

Kapitel 6 : Philip Rastelli und der Bürgerkrieg 57
Der Renegat 57
Rot vs. Schwarz 63
Donnie Brasco 69

Kapitel 7 : Das neue Massino-Regime 79

Die Nachwirkungen: Brasco und der Prozess gegen die Mafia-Kommission 79

Die Familie Massino? 91

Kapitel 8 : Massino, Mancuso und die Mafia in den 2020 er Jahren 103

Fazit 119

Referenzen 123

EINFÜHRUNG

Im Jahr 1981 betrat ein Mann, der seinen Freunden als Donnie Brasco bekannt war, die berüchtigte Motion Lounge in der 420 Graham Avenue im New Yorker Stadtteil Williamsburg. In der Gegend wusste jeder über die Motion Lounge Bescheid und blieb ihr fern, wenn er keinen Ärger wollte. Die Williamsburger Mafiosi betrachteten die Lounge als ihre persönliche Verbrecherzentrale, was selbst für die New Yorker Polizei kein Geheimnis war. Donnie war den Männern dort bekannt. Er war zwar kein offizielles Mitglied der Mafia-Familie, aber er hatte gute Verbindungen und war sehr beliebt. Man könnte also sagen, er war kein "gemachter Mann". Jeder grüßte ihn, erkundigte sich nach seinen illegalen Geschäften und das Leben ging weiter. Doch jemand im Club erwartete Donnies Ankunft mit besonderer Spannung. Er stand auf, rief ihm zu und geleitete ihn in ein Hinterzimmer, in dem oft illegale Kartenspiele stattfanden. Die beiden setzten sich, und der Mann gegenüber von Donnie hatte ein dringendes, besorgtes Antlitz. Er hieß Dominick Napolitano, war besser bekannt als „Sonny Black" und ein berüchtigter Caporegime (Hauptmann) der legendären Bonanno-Mafiafamilie. Er hatte einen Job für Donnie.

Donnie war sehr froh, dass es ein Job war. Er war gerade erst aus dem Flugzeug gestiegen, direkt aus Florida, wo er viele seiner

Geschäfte tätigte. Während er dort war, erhielt er einen Anruf von einem Freund. Dieser war ein Bonanno-Soldat. Er nannte ihn liebevoll "Lefty". Soldaten sind ranghohe Mitglieder einer Familie. Sie stehen unterhalb der Caporegimes. Lefty gehörte zu Sonnys Crew, genau wie Donnie. Oft diente er als Vermittler zwischen Partner und Captain. Diesmal lautete die Nachricht, dass Donnie so schnell wie möglich nach New York zurückkehren müsse, um sich mit ihm zusammenzusetzen. In Donnies Familie gab es häufig Streit, Verrat und Hinterhältigkeit. Daher konnte das nur zwei Dinge bedeuten: Entweder wurde er für etwas sehr Wichtiges gebraucht oder er war zum Tode verurteilt. Als er an diesem Tag die Motion Lounge betrat, war er sich immer noch nicht sicher, ob die Männer vorhatten, ihn wieder gehen zu lassen. Eine Flucht hätte ihn jedoch in eine noch schlimmere Lage gebracht, also erschien er wie ein pflichtbewusster Untergebener, um die Worte seines Kapitäns zu hören.

Sonny Black befragte Donnie zu seinen Verbindungen in Florida. Er wollte wissen, ob sie zuverlässig, fähig und bereit waren, etwas zu graben. Donnie bejahte die Frage und Sonny verriet ihm daraufhin seinen Plan. Er brauchte jemanden, der sich in die Gegend von Miami begab, um einen Mann namens Bruno aufzuspüren. Donnie sollte ihn töten. Entgegen dem traditionellen Kodex der Mafia war das Ziel ein Mitglied von Sonnys eigener Familie – und noch schlimmer, er war der Sohn eines Mafioso. Donnie versicherte ihm, dass es kein Problem sein werde: „Sonny, du kennst mich, ich stelle keine Fragen" (Pistone, 1989). Das war eine Erleichterung für Sonny. Er hatte eine Menge Schlamassel zu bereinigen und Unrecht wiedergutzumachen, doch seine Probleme waren damit noch lange nicht gelöst. Zuvor hatte der Capo von Williamsburg die Hinrichtung von drei Captains seiner eigenen Familie veranlasst, darunter auch Brunos Vater. Die einen sagen, es war ein Machtmissbrauch von Sonny, die anderen sagen, es war Sonnys Versuch, einen Machtmissbrauch zu verhindern. Wie auch immer man es betrachtet: Die Bonanno-Familie war zu Beginn des neuen Jahrzehnts in keiner guten Verfassung.

Wenn Donnie das durchziehen könnte, würde sich die Lage vielleicht bessern. Zumindest für Sonnys Crew wäre es wichtig gewesen. Dieser Auftrag wäre Donnies erster für die Familie gewesen und Sonny wollte ihn nach erfolgreichem Abschluss zu einem „Made Guy" machen. Doch es gab ein weiteres großes Problem: Donnie Brasco war nicht echt. Der Mann, dem der Bonanno-Captain gerade den Hinrichtungsbefehl erteilt hatte, war in Wirklichkeit ein Undercover-Agent des FBI. Er war der erste Gesetzeshüter, der die amerikanische Mafia erfolgreich infiltriert hatte. Sein Name war Joseph D. Pistone. Unter dem Decknamen „Donnie Brasco", der angab, im mafiösen New Jersey aufgewachsen zu sein, täuschte er die Bonanno-Führung seit den späten 1970er Jahren. Nur einige wenige Höhere wussten von seiner zweifelhaften Vergangenheit. Der Bundesagent hatte natürlich nicht die Absicht, „Sonny" Napolitanos Befehle auszuführen. Was er stattdessen tat, würde zur Hinrichtung oder Inhaftierung mehrerer hochrangiger Mitglieder der Bonanno-Familie führen. Sonny, der Pistone/Brasco in seine Crew aufnahm und für seine Loyalität bürgte, blieb von den Konsequenzen nicht verschont.

Das Donnie-Brasco-Debakel war einer der größten Erfolge der Strafverfolgungsbehörden im Kampf gegen das organisierte

Verbrechen. Gleichzeitig war es eine der größten Peinlichkeiten, die je eine Mafiafamilie heimgesucht haben. Die anderen vier der fünf berühmten New Yorker Familien fragten sich, wie die Bonannos so etwas zulassen konnten. Und die Mitglieder der Familie fragten sich, wie sie sich in einem solchen Zustand des Misstrauens und des Verrats befinden konnten. Warum gab es neben der FBI-Infiltration auch noch so viele interne Streitigkeiten in den Reihen der Familie? Wie konnte eine der angesehensten und gefürchtetsten Familien in der Geschichte des organisierten Verbrechens in interne Kämpfe und Bürgerkriege verwickelt werden? Wie kam es dazu, dass sie beinahe einen Bundesagenten in ihre streng geheimen Strukturen eingeschleust hätten?

Um dies zu verstehen, müssen wir die Geschichte der Bonannos kennen, die bis in die Zeit zurückreicht, als Joe Bonanno, der Namensgeber der Familie, noch das Sagen hatte. Die Bonannos waren eine alte sizilianische Familie mit Wurzeln in der Region Castellammare del Golfo (zu Deutsch „Seefestung am Golf") auf der Insel. In Castellammare del Golfo war die Mafia schon immer stark vertreten und in den frühen Tagen der Bonanno-Familie bestanden ihre Reihen fast ausschließlich aus Gangstern mit Castellammarer Herkunft. Dieser regionale Hintergrund sollte später, in den 1930er Jahren, eine Rolle spielen, als sich die New Yorker Unterwelt fast selbst zerfleischte. Als junger Mann arbeitete Joe Bonanno, der später von vielen „Joe Bananas" oder „Don Peppino" genannt wurde, als Gangster für Salvatore Maranzano, den Chef des Castellammarese-Clans in New York. Wie die meisten Gangster dieser Zeit wurde Bonanno von der kriminellen Unterwelt wegen des unglaublich lukrativen illegalen Alkoholmarktes angezogen.

Als 1920 die Herstellung und der Konsum von Alkohol in den USA verboten wurden, wollten sich nur wenige Menschen an das Gesetz halten, und es gab nur wenige Gerichtsbarkeiten im Land, die sich darum kümmerten, es durchzusetzen. Außerdem gab es viele Menschen, die bereit waren, sich auf der falschen Seite des Gesetzes zu bewegen, um mit einem Laster, das viele für harmlos hielten, viel Geld zu verdienen. Die Herstellung von Schnaps war relativ einfach, wenn auch ein bisschen gefährlich, und so wurden im ganzen Land, vor allem in den Großstädten, selbstgebaute Brennereien errichtet. In Städten wie Chicago, Boston, Detroit, Buffalo und natürlich New York City dauerte es nicht lange, bis das organisierte Verbrechen den Untergrundmarkt beherrschte. Die amerikanische Mafia war einer der Hauptakteure in diesem Geschäft. Mit dem erfahrenen Maranzano als Mentor stieg Bonanno schnell zu einem der aufstrebenden Stars der amerikanischen Verbrecherszene auf. Während des Castellammarese-Krieges, der später folgen sollte, sammelte Joe Bonanno wertvolle Kriegserfahrungen. Diese ermöglichten es ihm, seine Familie jahrelang als einer der gefürchtetsten Bosse der Ostküste zu regieren.

Am Ende seiner Amtszeit war Joe Bonanno einer der dienstältesten Bosse in New York City und hatte die vier anderen ursprünglichen Bosse aus dem Castellammarese-Krieg überlebt. Er war bekannt für seine kühnen Pläne und den Versuch, mehr Macht zu erlangen, als ein einzelner Mann haben sollte. Bonanno hinterließ ein persönliches Vermächtnis, das so kompliziert war wie die von ihm gegründete Familie. Mal war er unantastbar, mal wurde er als Berater geschätzt und mal war er ein Ausgestoßener. Auch nachdem Don Peppino als Familienboss zurückgetreten war, war die Geschichte der Bonanno-Familie eine Achterbahnfahrt aus Verrat, Erfolg, Gier und Aufruhr. Sie fiel mehrmals in Ungnade und rappelte sich manchmal wieder auf. Letztendlich ist die Spur, die sie in der amerikanischen kriminellen Unterwelt hinterlassen haben (und immer noch hinterlassen), jedoch fragwürdig.

In den Kapiteln dieses Buches werden wir die gesamte komplizierte und widersprüchliche Geschichte der Bonanno-Familie erforschen. Sie reicht von ihren frühesten Jahren bis in die Gegenwart, von der Zeit, in der sie ihren Ruf als die brutalste (und loyalste) der New Yorker Gangs erwarb, bis zu dem Zeitpunkt, als sie sich fast vollständig aus den Mafia-Strukturen ausschließen ließ. Anders als die Genovese Family werden die Bonannos nicht für ihre Erfolge, sondern für ihre Selbstzerstörung, ihren Isolationismus und ihre Neigung, „die eigenen Leute zu fressen", in Erinnerung bleiben – ein Ruf, an dem auch der Donnie-Brasco-Vorfall nichts geändert hat. Und das, obwohl die Familie unter Joe (und sogar einigen seiner Nachfolger) Höhen erreichte, von denen andere Familien im ganzen Land nur träumen konnten. Nun werden wir uns ansehen, wie es dazu kam.

KAPITEL 1

DIE URSPRÜNGE DER FAMILIE BONANNO

Giuseppe Carlo Bonanno, später als Joseph Charles Bonanno amerikanisiert, wurde am 18. Januar 1905 auf Sizilien geboren. Die vor der süditalienischen Küste gelegene Insel gilt vielen als Geburtsort der Mafia. Seine Heimatstadt Castellammare del Golfo war eine von der Mafia besonders stark geprägte Region Siziliens – ein ganzer Zweig der amerikanischen Mafia bestand aus Einwanderern aus dieser Gegend. Später sollte sich auch seine Organisation in den USA an seinen lokalen Wurzeln orientieren. Sein Vater, Salvatore Bonanno, war bereits in das organisierte Verbrechen verwickelt, als er auf die Welt kam. Auch seine Mutter, Catherine Bonventre, stammte aus einer Familie, die seit Generationen in der Region in der Mafia verankert war. In einem solchen Umfeld scheint es unvermeidlich, dass Joe Bonanno schon in jungen Jahren in das Verbrechen verwickelt wurde. Joe hatte sowohl einen Bonanno als auch einen Bonventre als Vorfahren. Deshalb hatte er viele Verwandte, von denen er das Handwerk lernen konnte. Doch seine Zeit in Sizilien war nur von kurzer Dauer. Nicht lange nach seiner Geburt brachen er und seine Familie auf, um ein neues Leben in den USA zu beginnen.

Maranzano und die amerikanische Prohibition

Als Joe Bonanno das Alter von drei Jahren erreicht hatte, übersiedelte sein Vater mit der Familie nach New York City. Zu dieser Zeit ließen sich schließlich viele sizilianische Einwanderer in Brooklyn nieder. Mit Joes Familie kamen auch einige andere Bonannos, Bonventres und Magaddinos. Die Vorgeschichte all dieser Familien ist im organisierten Verbrechen zu suchen. In Williamsburg, einem Viertel in Brooklyn, lebten viele Einwanderer aus Castellammare, und hier baute Joe schließlich seine Machtbasis auf. Ein weiterer Castellammarese, Stefano Magaddino, der ebenfalls ein paar Jahre zuvor in die USA gekommen war, lebte zu dieser Zeit ebenfalls in Brooklyn. Nach Joes Machtübernahme verbündete er sich mit Magaddino und sie stärkten ihre Machtposition. Stefano war viel erfahrener als Joe und bereits mit den Bonannos verbündet, bevor diese das alte Land überhaupt verlassen hatten. Leider führte Joes Ehrgeiz später zum vollständigen Zusammenbruch dieser jahrzehntelangen Partnerschaft.

In Williamsburg führten die Bonannos ihre mafiösen Geschäfte im kleinen Kreis fort. Sie taten dies unter ihren Miteinwanderern. Viele von ihnen waren eingeschüchtert und erpresst worden. Das war in ihrer alten Heimat geschehen. Doch nach etwa einem Jahrzehnt in den USA beschloss Salvatore, die Familie zurück nach Sizilien zu holen. Joe verließ das Land zur gleichen Zeit, als der blutige Mafia-Camorra-Krieg ausbrach. In diesem Krieg kämpfte die sizilianische Mafia gegen die Camorra, eine andere kriminelle Organisation, die ihren Ursprung in der italienischen Region Kampanien, vor allem in Neapel, hatte. Über Joes Zeit in Sizilien ist nur wenig bekannt.

Als er in die USA zurückkehrte, hatte die Mafia jedoch den Sieg über die Camorra errungen und sich als die führende italienische Verbrecherorganisation etabliert. Dies bot dem Sizilianer viele Möglichkeiten, doch zu dieser Zeit war die nationale Mafiastruktur noch sehr zersplittert und von internen Kämpfen geprägt.

Als er in seine sizilianische Heimat zurückkehrte, wurde er immer tiefer in das organisierte Verbrechen verwickelt. Er war allerdings noch sehr jung und hatte noch einige Jahre vor sich, bevor er seine besten Jahre hatte. Während seiner Zeit auf der Insel motivierten ihn zwei wichtige Faktoren, nach Amerika zurückzukehren. Erstens hatte der italienische Diktator Benito Mussolini von 1922 bis 1924 eine Schreckensherrschaft ausgeübt. In dieser Zeit begann er mit einem brutalen Vorgehen gegen die Mafia auf Sizilien und dem süditalienischen Festland. Im Allgemeinen gelang es Mussolini, die Mafia auf Sizilien zu dezimieren, sodass es für organisierte Kriminelle viel schwieriger wurde, dort zu operieren. Auf der anderen Seite des Atlantiks war währenddessen die amerikanische Alkoholprohibition in vollem Gange. Das Verbot bestand seit 1920 und es war bereits klar, dass die Bundes- und Kommunalbehörden nicht bereit waren, den Alkoholkonsum tatsächlich zu unterbinden. Sie waren auch nicht wirklich daran interessiert, Verstöße gegen das Gesetz strafrechtlich zu verfolgen. So wurde der amerikanische Schwarzhandel mit Alkohol schnell sehr lukrativ und barg erstaunlich wenig Risiken. In vielen Bezirken bestimmter Bundesstaaten wurden die Beamten sogar angewiesen, keine Ressourcen für Verhaftungen wegen Prohibitionsverstößen zu verschwenden.

Das war eine sehr vielversprechende Situation für Bonanno. Er beschloss, in die USA zurückzukehren, um sich ein Stück vom Kuchen zu sichern. Die Umstände seiner Reise sind nicht bekannt, doch 1924 gelangte er als blinder Passagier auf einem kubanischen Fischkutter an die Küste Floridas. Wie ihm dies gelang, ist ein Rätsel, doch scheint er die Reise zusammen mit Peter Magaddino, dem Sohn von Stefano, unternommen zu haben. Die beiden gelangten in die USA, ohne von den Einwanderungsbehörden entdeckt zu werden, die 1924 noch nicht annähernd so stark waren wie heute. Ihre Einreise war natürlich illegal, was bedeutete, dass Joe noch nicht einmal mit dem Prozess der Einbürgerung in die USA begonnen hatte. Das sollte ihm später Probleme bereiten. Doch er schaffte es immer wieder, einer Abschiebung nach Sizilien zu entgehen, anders als einige seiner weniger glücklichen Mafia-Kollegen.

Als Joe zum zweiten Mal in die USA kam, verschwendete er keine Zeit. Er stieg schnell in das Geschäft mit dem Alkoholschmuggel ein. Sein erstes bekanntes kriminelles Unternehmen war der Betrieb einer selbstgebauten Schnapsbrennerei in Brooklyn. Dafür tat er sich mit einigen anderen jungen Einwanderern aus Castellammare del Golfo zusammen. Die örtliche Polizei war für Bonanno und seine Komplizen zu dieser Zeit kein Thema. Das Schlimmste, was passieren konnte, war, dass ein Polizist vorbeikam, um sich bestechen zu lassen. Doch 1920 hatte die Regierung eine Abteilung namens „Bureau of Prohibition" eingerichtet, deren einziger Zweck darin bestand, diejenigen zu verfolgen und zu verhaften, die Alkohol schmuggelten, herstellten, kauften oder verkauften. Glücklicherweise für Joe und seine Komplizen waren das Bureau und seine Beamten bis 1924 korrupt, aufgebläht, übermäßig bürokratisch und furchtbar ineffizient geworden. Abgesehen von ein paar bemerkenswerten Ausnahmen wie dem berüchtigten Eliot Ness waren die Prohibitionsbeamten bekanntermaßen leicht zu bestechen oder zu bedrohen und viele von ihnen genossen selbst den Genuss von illegalem Alkohol. Selbst wenn die Behörde effektiv gewesen wäre, gab es einfach zu viele Menschen, die trinken wollten, und zu viele Menschen, die bereit waren, ihnen Alkohol zu verkaufen.

Schon bald begann Joe für den Castellammarese-Gangster Salvatore Maranzano zu arbeiten, der in Alkoholschmuggel, Prostitution, illegales Glücksspiel und Drogenhandel verwickelt war. Maranzano nutzte angeblich eine halbstaatliche Immobilienfirma als „Fassade", um seine illegalen Einkünfte durch die „legitime" Firma zu schleusen und so den Verdacht der Steuerbehörde zu vermeiden. Maranzano kam etwa zur gleichen Zeit in die USA wie Bonanno, hatte aber viel bessere Verbindungen. Es wird sogar behauptet, dass Maranzano im Auftrag des mächtigen Don Vito Cascioferro (manchmal auch Cascio Ferro oder nur Ferro geschrieben) in Amerika war. Dieser versuchte, seinen Einfluss über den Atlantik auszudehnen. Selbst wenn das stimmte, hatte Maranzano nicht die Absicht, Cascioferro, der sich in einer ganz anderen Welt befand, die Zügel in die Hand zu geben oder ihm zu antworten. Maranzanos Auftrag war dennoch klar: Er sollte die Kontrolle über die gesamte amerikanische Mafiastruktur an sich reißen. Da Joe Bonanno schnell zu einem mächtigen Vollstrecker für ihn wurde, war Maranzano bald bereit, Krieg zu führen.

Die Geschäfte liefen einige Jahre lang gut, aber allen war klar, dass dies nicht von Dauer sein würde. Schließlich führten die Gier vieler Mafiosi und die starke Unorganisation der „Familien" in New York City zu Reibereien zwischen ihnen. Ohne eine organisierte Kommandostruktur gab es niemanden, der die Spannungen zwischen den Mafiagruppen abkühlen oder die internen Kämpfe unterdrücken konnte. Im Jahr 1930 waren die Dinge an einem Wendepunkt angelangt und die New Yorker Mafia-Banden standen kurz vor einem ausgewachsenen Krieg. Das Streichholz, das das Gas entzündete? Nichts weiter als ein bisschen gestohlener Schnaps.

KAPITEL 2

JOE BANANAS UND DER CASTELLAMMARESE-KRIEG

Im Jahr 1928 kam es zu einer Eskalation der Konflikte zwischen den Castellammarese und den anderen sizilianischen Fraktionen, die in einer offenen Feindschaft mündete. Über einen längeren Zeitraum hinweg hatten Mitglieder der Mafia auf beiden Seiten immer wieder die Schnapslaster der jeweils anderen Seite gestohlen und sie mit einem Rabatt an die Konkurrenz verkauft. Joe Bonanno war mittendrin in diesem Treiben. Er war einer der Männer, die Maranzano mit der Organisation der Sicherheit für seine Alkohollieferungen beauftragt hatte. Als sich die Mafia dem Krieg näherte, erhielt Bonanno noch mehr Macht und Verantwortung. Als der Krieg 1930 schließlich ausbrach, fungierte der junge Mafioso praktisch als Maranzanos Oberbefehlshaber und leitete die Angriffe der Castellammarese auf die anderen Sizilianer.

Joe betrügt den Boss

Im Jahr 1930 wurde die nicht aus Castellammare stammende Fraktion der Mafia von Giuseppe Masseria, auch „Joe the Boss" genannt, angeführt. Masseria stammte aus Menfi auf Sizilien, das etwa 70 Kilometer südlich der Heimat der Castellammaresen liegt. In der alten Heimat waren die beiden praktisch Nachbarn, doch im New York des Jahres 1930 bedeuteten diese 70 Kilometer einen großen Unterschied. Masseria, der bereits seit zwei Jahrzehnten in den USA lebte, war ein mächtiger Gegner mit zahlreichen Verbindungen in New York. Er hatte sich an dem legendären Giuseppe Morello die Zähne ausgebissen, der als einer der ersten bekannten Mafiosi eingewandert war und die Kontrolle über die Unterwelt von New York übernommen hatte. Kurz gesagt: Masseria war ein Mafia-König. Doch in der Mafia bedeutet Status wenig, wenn man ihn mit Gier und Ehrgeiz vergleicht.

Von Brooklyn aus lieferte sich die Castellammarese-Fraktion regelmäßig einen Schlagabtausch mit Masserias Crew. Oberflächlich betrachtet war der Krieg ein Konflikt zwischen Maranzano und Masseria, doch dahinter steckte auch ein Generationenkonflikt: Die jüngeren, fortschrittlicheren Mafiosi, von denen einige in den USA geboren waren, standen der älteren, traditionelleren und ausschließlich aus Einwanderern bestehenden Generation gegenüber. Diese konservativeren Gangster hielten an den sogenannten Werten der „alten Welt" fest, die nach Ansicht der jüngeren Generation ein Hindernis für Geschäfte in Amerika darstellten. So weigerten sich viele der älteren Mafiosi beispielsweise immer noch, mit jemandem zusammenzuarbeiten, der kein Italiener war. In den meisten Fällen reichte es nicht einmal aus, Italiener zu sein – man musste zu 100 % Vollblut-Sizilianer sein, sonst trauten die alten Hasen ihnen nicht. Die jüngere, vorausschauendere Generation, zu der auch Joe Bananas gehörte, erkannte, dass Amerika nicht Sizilien war. Amerika war ein vielfältiges Land, in dem viele verschiedene ethnische Gruppen im organisierten Verbrechen tätig waren. Während diejenigen, die wie Maranzano und Masseria die Nase rümpften, erkannten die moderneren Gangster, dass sich mit jüdischen, irischen und afroamerikanischen kriminellen Gruppen viel mehr Geld verdienen ließ. Schließlich gehörten jüdische Gangster wie Dutch Schultz, Louis Lepke und Meyer Lansky damals zu den größten Geldmachern des organisierten Verbrechens und die jüngere Generation der Mafiosi war begierig, sich an ihren Machenschaften zu beteiligen.

So bildete sich schließlich eine Gruppe, die als die „Young Turks" bekannt wurde. Die lose verbundene Gruppe bestand aus jüngeren und fortschrittlicheren Gangstern aus Masserias und Maranzanos Fraktionen. Sie wurde von dem legendären Charles „Lucky" Luciano angeführt, der zu dieser Zeit Masserias Leutnant im Krieg war. Zu den Mitgliedern zählten außerdem Vito Genovese und Carlo Gambino von Masserias Seite sowie Stefano Magaddino, Joe Profaci, Tommy Lucchese und natürlich Joe Bonanno selbst von Maranzanos Seite. Die Young Turks waren des andauernden Krieges überdrüssig und sahen voraus, dass die Gier und die Egos ihrer Bosse die amerikanische Mafia noch vor Erreichen ihrer Blütezeit zum Untergang führen würden. Sie mussten die Machtkämpfe stoppen, bevor diese sie stoppten.

Insgeheim schmiedete die Kabale einen Plan. Sie kamen überein, dass es am besten sei, Joe Masseria zu töten und Maranzano als Sieger hervorgehen zu lassen – zumindest vorerst. Nach einer geheimen Absprache mit dem Castellammarese-Boss arrangierten die Young Turks einen Anschlag auf Masseria, der im April 1931 erfolgreich ausgeführt wurde und den Krieg beendete. Doch nachdem Masseria verschwunden war, machten sich die Jungtürken sofort Sorgen um Maranzanos offensichtlichen Machthunger. Ohne Masseria verlieh sich Maranzano den Titel „capo di tutti capi", was so viel heißt wie „Chef aller Chefs". Diese alte Bezeichnung, die ursprünglich Giuseppe Morello innehatte, passte den jüngeren Gangstern, insbesondere Joe Bonanno, nicht. Aus Sorge, dass Maranzano noch schlimmer werden könnte als Masseria, wandten sich die Young Turks schnell auch gegen ihn.

Während die Young Turks gegen Maranzano intrigierten, erfuhren Luciano und Bonanno, dass Maranzano, der einen Verrat von Masserias alter Crew befürchtete, auch plante, sie zu töten. Nachdem Lucchese den anderen Jungtürken erzählt hatte, dass Maranzano tatsächlich einige Auftragskiller angeheuert hatte, wussten sie, dass es Zeit war zu handeln. Im September 1931, nur fünf Monate nach Kriegsende, schickten sie vier jüdische Gangster in Maranzanos Büro. Sie verkleideten sich als Bundesagenten, was es ihnen leicht machte, Maranzanos Männer zu entwaffnen. Als sie sein Büro erreichten, verhafteten sie ihn jedoch nicht, sondern stachen mehrmals auf ihn ein und erschossen ihn schließlich. Stattdessen hielten sie ihn fest, stachen mehrmals auf ihn ein und erschossen ihn schließlich.

Es war immer ein Rätsel, ob Joe Bananas in den Mord an seinem ehemaligen Mentor verwickelt war. Er hat es immer abgestritten, aber er wollte sich nie für den Mord an Maranzano rächen und es gibt keine Beweise dafür, dass er gegen den Plan war. Außerdem profitierte Bonanno stark von Maranzanos Beseitigung und hatte keine Skrupel, dessen Crew zu beerben. Es ist also sehr wahrscheinlich, dass der Mord mit Bonannos Zustimmung und Segen ausgeführt wurde. Nach Bonannos Schilderungen scheint es, als habe er ohnehin nicht daran geglaubt, dass Maranzano in der neuen Generation überleben würde. Obwohl er seit Jahren in den USA lebte, sprach der „Boss aller Bosse" 1931 erschreckend wenig Englisch. Alle seine Geschäfte mussten in seiner Muttersprache Italienisch abgewickelt werden. Das machte es ihm sehr schwer, mit der neueren, in den USA geborenen Generation von Mafiosi zu kommunizieren. Er brauchte sehr oft einen zweisprachigen Übersetzer. Da Maranzano nicht bereit war, sich zu ändern oder sich der Zeit anzupassen, wusste Joe, dass die Situation mit Maranzano an der Spitze nicht haltbar war.

Die Fünfte Familie von New York City

Die Struktur der New Yorker Mafia, die ursprünglich von Sal Maranzano entworfen wurde und sich in den sogenannten „Fünf Familien" organisierte, nahm erst nach dem Castellammarese-Krieg die heute bekannte Form an. Nach dem Tod der beiden Urgesteine war Lucky Luciano de facto der „Boss der Bosse", lehnte es aber ab, den Titel offiziell anzunehmen. Als vielleicht visionärster Mafioso seiner Generation war er der Meinung, dass die Mafia ohne einen einzigen Boss, der alles kontrollierte, friedlicher und wohlhabender sein würde. Deshalb organisierte er die Mafia in die bis heute existierende Struktur um. Er schuf fünf verschiedene, aber miteinander verbundene Familien, von denen jede ihren eigenen Boss hatte und keine über die anderen bestimmen konnte. Die Hoffnung war, dass anstelle von ständigen Kriegen und Machtkämpfen die Zusammenarbeit der neue Modus Operandi der

Mafia sein würde. Eine dieser neuen Familien wurde Joe Bonanno zugeteilt, der den Großteil der Überreste von Maranzanos früherer Crew und seiner Geschäfte erbte. Infolgedessen war die neue Bonanno-Familie fast ausschließlich mit Mitgliedern aus Castellammare del Golfo besetzt.

So begann die Bonanno-Familie, wie wir sie kennen, wirklich: 1931 mit der offiziellen Gründung der Fünf Familien von New York City. Mit nur 26 Jahren war Joe Bonanno der jüngste der New Yorker Bosse, zu denen auch Luciano, Tommy Gagliano, Vincent Mangano und Joe Profaci gehörten. Trotz seines Alters und seiner vergleichsweise geringen Erfahrung führte Joe Bonanno seine Familie an und erwarb sich den Ruf, die skrupelloseste und – wie wir noch sehen werden – ehrgeizigste Familie im Staat New York zu sein. Zum Unglück für die gesamte Mafia wurde die Prohibition schon bald darauf abgeschafft, wodurch die Mafia 1933 einen großen Teil ihrer Einnahmen verlor. Die amerikanische Prohibition, die in vielerlei Hinsicht die erste echte Ausprägung des organisierten Verbrechens finanzierte, wurde Anfang Dezember desselben Jahres offiziell abgeschafft. Andere Einnahmequellen wurden dringend benötigt. Wie andere Familien auch verwickelten sich die Bonannos in mehrere „Grundnahrungsmittel" der Mafia, darunter Kredithai, Prostitution (im Grunde Zuhälterei), Erpressung, Drogenhandel, große Raubüberfälle und illegale Glücksspielringe, zu denen auch das berüchtigte italienische „Zahlenspiel" gehörte – im Grunde eine illegale Lotterie, die von der Mafia betrieben wurde und in den italienischen Vierteln sehr beliebt war.

Natürlich hatte Joe auch zahlreiche halblegale Tarnfirmen, mit denen er das viele illegale Geld wusch, das seine Familie einbrachte. Dazu gehörten mehrere Waschsalons, ein regionales Käsevertriebsunternehmen, das den Großraum New York belieferte – Jahre später wurde auch gegen ein kanadisches Käseunternehmen namens Utica Cheese wegen seiner Verbindungen zu den Bonannos ermittelt – sowie mehrere Mantelfabriken. Im Laufe der Jahre wurde Bonanno im Bekleidungsviertel von New York City aktiv und engagierte sich stark in der International Ladies' Garment Workers Union (ILGWU), einer der größten Gewerkschaften des Landes zu dieser Zeit. Die Korruption in der Gewerkschaft wurde für die Bonannos und die anderen vier Familien sehr schnell zu einer lukrativen Geldquelle. Am berüchtigtsten war jedoch, dass Joe ein Bestattungsinstitut in New York besaß. Lange wurde vermutet, dass der kleine Laden von den Bonannos und ihren Partnern als geheimer Ort zur Beseitigung von Leichen genutzt wurde. Den meisten Quellen zufolge benutzten sie speziell angefertigte doppelstöckige Särge, in denen die Leiche des Opfers im Unterdeck versteckt wurde, während die Angehörigen ihrer Kundschaft im sichtbaren Oberdeck lagen. Das war eine geniale Idee – niemand käme auf die Idee, in einem bereits besetzten Sarg nachzusehen. Und selbst wenn die Justiz diese Leichen jemals wiedergefunden hätte, hätte sie die Überreste einer anderen Leiche exhumieren müssen, was den lebenden Verwandten des Verstorbenen zweifellos schwere rechtliche Probleme eingebracht hätte.

Auch Joe Bonannos persönliches Familienleben entwickelte sich in diesen frühen Jahren prächtig. Er wurde sesshaft und bekam mit seiner neuen Frau Fay Labruzzo, die er nur ein paar Monate nach der Übernahme der Familie des verstorbenen Sal Maranzano geheiratet hatte, Kinder. Sein erster Sohn war Salvatore Bonanno, genannt „Bill", der 1932 geboren wurde und später großen Einfluss auf die Familie haben sollte. Fay brachte später auch Catherine, ihre einzige Tochter, und Joseph Bonanno junior zur Welt. Obwohl er seinen 30. Geburtstag noch nicht erlebt hatte, schien Joe gut geeignet zu sein, eine Familie zu führen. Zu dieser Zeit bevorzugte die Mafiaführung „Kriegsdons", also solche, die sich in Kriegszeiten als effektive Führungspersönlichkeiten bewährt hatten. Joe hatte sich während des Castellammarese-Krieges bewundernswert geschlagen und sich damit Lucianos Respekt verdient, obwohl er damals technisch gesehen ein Rivale von Luciano war. Das bedeutete auch, dass Joe die Auswirkungen des Krieges und die Zerstörung, die er mit sich brachte, mit eigenen Augen gesehen hatte. Jemand wie er würde es eher vermeiden, in einen Konflikt mit den anderen Familien zu geraten – so hoffte man zumindest. Wie auch immer, Joe war es nicht fremd, sich die Hände schmutzig zu machen, und man konnte sich darauf verlassen, dass er seine Familie durch schwierige, manchmal gewalttätige Zeiten führen würde.

Diese frühen Jahre prägten Joe Bonanno ebenso sehr, wie er sie prägte. Zwar war er noch nicht der erste Mafiaboss des Landes – diese Position hatte Lucky Luciano inne –, aber seine Rolle war entscheidend. In dieser neuen Ära stand die Führung von Lucianos Familie im Mittelpunkt. Joe Bonanno war jedoch nicht nur maßgeblich an der Festlegung der neuen Mafia-Gesetze, wie der Omertà, dem Kodex des strikten Schweigens, beteiligt, sondern auch an der Gründung der nationalen Mafia-Kommission. Diese hatte Luciano ins Leben gerufen, um die Probleme zu lösen, mit denen die Mafia noch in den frühen 1930er Jahren zu kämpfen hatte.

KAPITEL 3

EHRGEIZ UND ALLIANZ

In der neuen Ära der New Yorker Mafia waren es purer Ehrgeiz, Tatkraft und wichtige Allianzen, die den Bonannos zu ihrem Erfolg verhalfen. Doch auch in Friedenszeiten hatte die Familie Konkurrenz, und die Gier der anderen Bosse war nicht zu unterschätzen. Wie wir noch sehen werden, können in der Welt der Mafia selbst die stärksten Bündnisse zerbrechen, und Verrat war an der Tagesordnung. An dieser Stelle kam die Mafia-Kommission ins Spiel.

Bonanno und die Mafia-Kommission

Der als „Charles Luciano" bekannte kriminelle Visionär gründete zusammen mit Joe Bonanno die Nationale Kommission, um zu verhindern, dass sich die italo-amerikanischen Verbrecherfamilien erneut gegenseitig zerfleischen. Luciano war der Meinung, dass Diplomatie besser sei als Verrat und Gewalt. Die Kommission führte demokratische Regeln in der Unterwelt ein: Alle anerkannten Bosse hatten ein Mitspracherecht und Entscheidungen, die mehr als eine Familie betrafen, wurden von einem Komitee vertrauenswürdiger Mitglieder statt von einem einzelnen Mann getroffen. Selbst Schläge innerhalb einer Familie mussten in der Regel von den Kommissionsvorsitzenden genehmigt werden. Wichtig ist, dass die Kommission auch die Notwendigkeit eines „Chefs der Chefs" abschaffte. Zum Vergleich: Luciano und Bonanno befreiten sich vom Diktator und setzten an seiner Stelle einen demokratischen Wahlausschuss ein.

Ursprünglich nannten Bonanno und Luciano die Kommission „Komitee für den Frieden", was uns einen guten Einblick in ihre ursprünglichen Ziele für die Kommission gibt. Komischerweise erwies sich „Komitee für den Frieden" auf Italienisch (grob gesagt: „Comitato per la Pace") als ziemlicher Zungenbrecher. Jüngere Mafiosi aus den USA, die nur gebrochen Italienisch sprachen, hatten offenbar große Schwierigkeiten, den Namen auszusprechen – und umgekehrt: Für diejenigen, deren Muttersprache Italienisch war, war die englische Übersetzung zu kompliziert. Aus Gründen der Zweckmäßigkeit und Bequemlichkeit einigten sich die beiden Bosse schnell darauf, die Organisation einfach in „The Commission" umzubenennen, was in beiden Sprachen leicht auszusprechen war (die italienische Schreibweise war fast identisch: „La Commissione"). Obwohl Joe Bonanno ein Gründungsmitglied der Kommission war, geriet er während seiner langen Amtszeit als Chef mehrmals mit den Vorsitzenden der Kommission aneinander.

Eines der Hauptziele der Kommission war es, die Mitgliedschaft zu regulieren und zu begrenzen, indem sie strenge Bedingungen für die Aufnahme von Mitgliedern aufstellte. Mit diesen Beschränkungen hoffte die Kommission, das Wachstum aller Familien zu begrenzen und zu verhindern, dass eine oder mehrere Familien ihre Reihen massiv vergrößern und die anderen Familien überwältigen. In Mafia-Hits wie „Die Sopranos" wird darauf verwiesen, dass die „Bücher" offen oder geschlossen sind – eine Anspielung auf die reale Praxis der Kommission, den Familien zu bestimmten Zeiten die Anwerbung von Männern zu gestatten und zu anderen Zeiten die Mitgliedschaft komplett zu schließen. Auf diese Weise diente die Kommission als wichtige Kontrollinstanz. Es versteht sich von selbst, dass die amerikanische Mafia im Laufe der Zeit immer raffinierter und effektiver wurde. Diese frühen Innovationen trugen dazu bei, das organisierte Verbrechen von den nationalen Strafverfolgungsbehörden abzuschirmen, die zu dieser Zeit deutlich hinter den Kriminellen zurückblieben, die sie eigentlich festnehmen sollten. Wie wir jedoch sehen werden, stagnierte die Mafia in späteren Jahren. Während das FBI und die Beamten des Staates New York ihre Methoden zur Verfolgung des organisierten Verbrechens verfeinerten und neu belebten, ruhte sich die Mafia auf ihren Lorbeeren aus und wurde von ihrer Gier zerfressen.

Leider wurde Joe schließlich viel zu ehrgeizig für den Geschmack der Kommission, wie einige andere Chefs und ihre Untergebenen befürchteten. Das sollte jedoch erst in den folgenden Jahrzehnten zu einem größeren Problem werden. Zunächst schien alles reibungslos zu verlaufen. Joe begann, seinen Einfluss stetig zu vergrößern und wichtige, dauerhafte Verbindungen zu knüpfen. Allmählich und vorsichtig begann er, sein Gebiet sowohl in New York City als auch außerhalb des Staates zu erweitern. Er pflegte schon früh Freundschaften mit Familien an der amerikanischen Westküste, vor allem in San José und San Francisco, in Buffalo, wo sein enger Freund und langjähriger Verbündeter Stefano Magaddino das Sagen hatte, sowie in Kanada, wo Magaddino die

Gegend um Toronto und das südliche Ontario als sein Hoheitsgebiet beanspruchte. Toronto war ein großer und lukrativer Markt, der Magaddino und Bonanno mehr als genug bot, um ihn sich zu teilen. Das sollte jedoch dem Don aus Buffalo ein Dorn im Auge sein – vor allem, nachdem Joe begann, weiter nördlich in Montreal aktiv zu werden.

Nachdem er jahrzehntelang in den USA gelebt hatte, wurde Joe Bonanno schließlich im Jahr 1945, dem letzten Jahr des Zweiten Weltkriegs, eingebürgert. Da er 1924 illegal eingereist war, musste er nach Norden gehen und einige Zeit in Kanada verbringen, bevor er wieder legal in die USA einreisen und den Einbürgerungsprozess beginnen konnte. Einige spekulierten, er sei nach Kanada gegangen, um der Einberufung zum Zweiten Weltkrieg zu entgehen; andere behaupteten, er habe nicht Gefahr gelaufen, eingezogen zu werden, da er noch kein Staatsbürger gewesen sei. Tatsächlich bestand für Bonanno nie die Gefahr, nach Europa oder Asien geschickt zu werden, genauso wenig wie für die anderen Bosse der Fünf Familien zu dieser Zeit. Während viele Untergebene der Mafia am Krieg teilnahmen – darunter auch John „Johnny Green" Faraci von den Bonannos, der als Held der D-Day-Landung im Jahr 1944 in Frankreich gilt –, gingen die Bosse sorglos daran vorbei. Wie sich herausstellte, waren ihre „legalen" Tarnfirmen der Grund dafür. In Amerika galten damals mehrere Branchen als kriegswichtig, sodass die Menschen, die sie am Laufen hielten, davon ausgenommen waren. Zu diesen Branchen zählte auch das Molkerei- und Käseunternehmen der Bonannos in New York. Außerdem war Joe, wie die meisten anderen Bosse auch, stark in den nationalen Gewerkschaften engagiert, die die Arbeitskräfte der großen

Fertigungsindustrien kontrollierten. Mit diesen Instrumenten in der Tasche war Joe Bonanno offenbar zu wichtig, um ihn in einem Krieg zu verlieren. Joe war ein kriminelles Superhirn, das die Regierung seit Jahrzehnten austrickste. Was die Einberufungslisten des Militärs anging, war er jedoch „nur ein einfacher Milchbauer" (Sitwell, 2020).

Zur gleichen Zeit, als Joe Bonanno sich um seine Staatsbürgerschaft bemühte, knüpfte er eine frühe und enge Beziehung zu einem anderen der ursprünglichen Five-Family-Bosse: Joe Profaci. Die Profaci-Familie war ein Vorläufer der Colombo-Familie (der Vater des späteren Bosses Joe Colombo arbeitete damals für „Old Man" Profaci). Die beiden Bosse waren vielleicht die engsten Freunde in der Kommission und ihre Beziehung war sehr lukrativ (obwohl Luciano diese Art von Koalitionen eigentlich verpönt hatte). Im Jahr 1956 wurde ihre geschäftliche und persönliche Beziehung auf die nächste Stufe gehoben, als Sal „Bill" Bonanno, Joes ältester Sohn, Rosalie Marie Profaci, Joe Profacis Nichte, heiratete. Es war eine Art königliche Hochzeit, die zwei der ältesten Familien auf eine Weise vereinte, die eine jahrelange Zusammenarbeit sicherstellte – zumindest bis zu Profacis frühem Krebstod im Jahr 1962.

Die Hochzeit von Sal „Bill" Bonanno und Rosalie Marie Profaci war ein großes und bedeutsames Ereignis für die Unterwelt der Mafia – und ein Grund zum Feiern für die Fünf Familien. Sie war so bedeutend, dass der Filmregisseur Francis Ford Coppola sie als Vorlage für die berühmte Eröffnungsszene in „Der Pate" verwendete. Die Frischvermählten gaben einen großen Empfang im noblen Astor Hotel in New York. Jeder, der in der Welt der Mafia Rang und Namen hatte, war anwesend, und Tony Bennett trat sogar live für die Gäste auf. Seit langem wird vermutet, dass Bennett Verbindungen zur Mafia hatte, genau wie Frank Sinatra. Im Film wurde Bennett von der Figur Johnny Fontane verkörpert, obwohl sein Aussehen eindeutig Sinatra nachempfunden war. Es war ein Zeichen dafür, dass gute Zeiten kommen würden. Doch wie wir sehen werden, können langjährige Beziehungen nicht ewig halten, wie der Aufstieg der Profaci-Familie zur Colombo-Familie zeigt.

Im Laufe der Jahre wurde Bonanno zu einem vertrauenswürdigen Elder Statesman unter den organisierten Kriminellen New Yorks. Viele Mafiosi wandten sich an ihn, um Streitigkeiten zu schlichten, auch außerhalb seiner eigenen Familie. Mitte der 1950er Jahre trug Bonanno dazu bei, die Spannungen zwischen Vito Genovese, dem Boss der Luciano-Familie, und Umberto „Albert" Anastasia, dem Anführer von Vincent Manganos früherer Familie, die später zur Gambino-Familie wurde, abzubauen. Bonanno stand beiden nahe, vor allem Anastasia. Joe unterstützte ihn 1951 bei seiner Bewerbung um die Nachfolge Manganos, um einen weiteren Nachfolgekrieg zu vermeiden. In Bonannos 1983 erschienenen Memoiren „A Man of Honor" badete er in Selbstlob für die Beilegung des Streits zwischen Genovese und Anastasia und sprach sich selbst die volle Anerkennung dafür zu, einen Bandenkrieg zwischen den beiden Familien verhindert zu haben. Im Nachhinein wirkt seine Prahlerei urkomisch, bedenkt man, dass Anastasia nur kurze Zeit später, im Jahr 1957, auf direkten Befehl von Vito Genovese brutal ermordet wurde und damit Carlo Gambino den Weg an die Spitze ebnete. Vielleicht hatte Joe Bonanno doch nicht so viel Einfluss, wie er dachte.

1957: Von Palermo nach Apalachin

1957 war ein bedeutendes Jahr für die amerikanische Mafia und insbesondere für die Bonanno-Familie – abgesehen von der Ermordung Anastasias und Joes Unfähigkeit, die Wut zwischen Genovese und der Verstorbenen zu besänftigen. Einerseits gelang es den Mafia-Bossen, ein lukratives internationales Geschäft abzuschließen, das für Jahrzehnte eine der Haupteinnahmequellen der Mafia sein sollte. Zumindest auf dem Papier schützte es die amerikanischen Mafiosi vor harten gesetzlichen Strafen. Andererseits kam es 1957 beinahe zum völligen Zusammenbruch der Führungsstruktur der amerikanischen Mafia. Beide Situationen waren auf scheinbar harmlose Treffen zurückzuführen: Eines fand in der alten Heimat statt, das andere direkt im Hinterhof der Fünf Familien. Beide Treffen hatten massive Auswirkungen auf das organisierte Verbrechen.

Im Oktober desselben Jahres flogen amerikanische Mafia-Eliten, darunter auch Joe Bananas, über den Atlantik, um der Heimat ihrer Vorfahren, der süditalienischen Insel Sizilien, einen Besuch abzustatten. Ihr Ziel war die Hauptstadt Palermo, eine atemberaubend schöne Küstenstadt am nordwestlichen Rand der Insel. Palermo liegt im Golf von Palermo und grenzt an das Tyrrhenische Meer. Die jahrtausendealte Stadt ist berühmt für ihre wunderschöne Architektur. Darunter ist auch die weltberühmte Kathedrale. Heute ist die Stadt aber vielleicht am besten dafür bekannt, dass sie eine große Anzahl amerikanischer Mafiosi hervorgebracht hat. Joe Profaci, Vincent Mangano, Carlo Gambino, Al Mineo, Joe „Iron Man" Ardizzone und viele andere stammten aus Palermo oder der Umgebung. In den USA sind noch mehr Mafiosi geboren, deren familiäre Abstammung sich bis nach Palermo zurückverfolgen lässt. Auch heute noch ist das organisierte Verbrechen in der Stadt stark vertreten.

Die Delegation amerikanischer Mafiosi, die im Herbst jenes Jahres nach Palermo reiste, umfasste einige der größten Namen aus den USA. Sie wurde aber in erster Linie von Joe Bonanno angeführt, der mit Abstand der prominenteste Anwesende war. Auch der legendäre Lucky Luciano war anwesend, vertrat aber nicht mehr die amerikanische Mafia und lebte seit seiner Ausweisung aus den USA im Jahr 1946 in Sizilien und Neapel. Zu Bonannos Gefolge gehörten auch John Bonventre. Dieser galt damals als Joes Unterboss. Außerdem gehörte Carmine Galante zu Bonannos Gefolge. Galante war aufstrebend. Schließlich wurde er Joes wichtigster Drogenfahnder. Es war eindeutig eine wichtige Reise für die Bonanno-Familie. Dutzende andere amerikanische und sizilianische Mafiosi nahmen teil.

Laut Bonannos veröffentlichten Memoiren war die Reise nach Sizilien eine entspannte Angelegenheit. Um die Heimat seiner Vorfahren zu besuchen, die schönen Sehenswürdigkeiten Süditaliens zu bewundern, die sizilianische Küche zu genießen und Freunde und Verwandte aus den Clans der Bonannos und Bonventres zu besuchen, flog er einfach über den Atlantik. Warum er jedoch vier aufeinanderfolgende Nächte im luxuriösen Grand Hotel et des Palmes in Palermo verbrachte, ohne einen einzigen Ausflug aufs Land zu machen, erklärt der Don aus Castellammarese nicht. Wie sich herausstellte, nahm er zwischen dem 10. und 14. Oktober an einem Treffen teil, bei dem ein transozeanischer

Heroindeal zwischen der amerikanischen und der sizilianischen Fraktion der Mafia besprochen und organisiert wurde.

Joe Bonanno und seine Familie hatten sich monatelang über die jüngsten Gesetze in den USA aufgeregt. Diese sollten den Drogenfluss ins Land eindämmen und letztendlich unterbinden. Der 1956 verabschiedete, brandgefährliche Boggs-Daniels Act bereitete Joe und den anderen Bossen der Five Families (zumindest denjenigen, deren Einkommen zu einem großen Teil vom Handel mit illegalen Drogen abhing) besondere Sorgen. Der Boggs-Daniels Act enthielt eine Reihe beunruhigender Bestimmungen, aber am wichtigsten war, dass er für Drogendelikte Strafen von bis zu 40 Jahren zuließ und für Wiederholungstäter verbindliche Mindeststrafen vorsah (das heißt, wenn die Mindeststrafe beispielsweise 10 Jahre beträgt, werden die Verurteilten mindestens für diese Zeitspanne verurteilt, wenn nicht sogar länger – unabhängig davon, wie schwer das Vergehen war). Der Drogenhandel, der zu diesem Zeitpunkt ein fester Bestandteil der Mafia in den USA war, wurde durch den Act zu einem viel riskanteren Unterfangen.

Joe Bonanno beklagte die Verabschiedung des Gesetzes und äußerte offen seine Besorgnis, dass die neuen, harten Strafen es für seine Männer auf der Straße viel verlockender machen würden, ihn zu verpfeifen oder zu verraten und als Kronzeugen aufzutreten, um sich selbst vor Jahrzehnten hinter Gittern zu retten. Er vertraute darauf, dass seine Top-Leute den heiligen Omerta-Kodex des Schweigens nicht brechen würden, nur um ein paar Jahre zu entgehen (einige Mafiosi gingen sogar jahrzehntelang ins Gefängnis, ohne ihre Familie zu verraten, manchmal für

Verbrechen, die sie gar nicht begangen hatten). Aber wie würde ein jüngerer, weniger prinzipientreuer Mafioso reagieren, wenn er mit einer möglichen 30- oder 40-jährigen Haftstrafe wegen Heroinhandels konfrontiert würde? Joe hatte sich bereits seit den frühen 1940er Jahren über den Mangel an Integrität unter den in Amerika geborenen Mafiosi beschwert – und das, obwohl der Drogenverkauf damals noch relativ einfach war. Jetzt befürchtete er, dass ein einzelner Mann, der an einer Straßenecke geschnappt wird, die gesamte Geheimhaltung der Mafia zu Fall bringen könnte. Mit dieser Einstellung reiste er 1957 nach Palermo.

Im Grand Hotel et des Palmes wurde ein von Bonanno gefördertes Abkommen zwischen den Fünf Familien und den sizilianischen Fraktionen ausgehandelt. Dieses Abkommen würde den Familien des alten Landes zum ersten Mal seit dem Ende des Castellammarese-Krieges im April 1931, also seit mehr als 26 Jahren, den Zugang zu amerikanischem Territorium ermöglichen. Die bahnbrechende Vereinbarung von Palermo sah vor, dass die Sizilianer ihre Produkte direkt an Händler in Kanada und den USA verkaufen durften. Im Gegenzug für den Zugang zu ihrem Territorium und ihren offiziellen Segen, in den Staaten zu operieren, würden die amerikanischen Familien wiederum von den sizilianischen Familien bezahlt werden. Die Verbindungen, die Bonanno in Kanada aufgebaut hatte, wurden in dieser neuen Ära unglaublich wichtig – die sogenannte „French Connection" war entscheidend für das neue Heroingeschäft. Dabei wurde das rohe und raffinierte Heroin durch die Türkei transportiert. Schlafmohn wurde in der Region Anatolien und weiter östlich angebaut. Von Sizilien aus wurde das Heroin entweder weiterverarbeitet oder zur

Weiterverarbeitung nach Frankreich verschifft. Von Frankreich aus wurde es über die Osthäfen Kanadas geschmuggelt und schließlich über die Grenze in die USA gebracht. Montreal, das zu einer Hochburg der Bonanno-Familie werden sollte, war eine wichtige Drehscheibe für den Opiatschmuggel. Dies läutete ein neues Zeitalter des Drogenschmuggels ein und nach Palermo wurden die Straßen Amerikas jahrzehntelang mit Heroin überschwemmt.

Etwa einen Monat nach dem Treffen in Palermo fand ein weiteres wichtiges Treffen in Apalachin, einer kleinen Gemeinde im Tioga County in New York, statt. Dieses Treffen war jedoch aus einem anderen Grund wichtig. Vito Genovese, einer der fünf New Yorker Bosse, hatte das Treffen einberufen, um verschiedene Aspekte der Mafiaunterwelt zu besprechen und bestimmte Entwicklungen im Bereich der Strafverfolgung zu erörtern. In Wirklichkeit aber wollte Genovese mit dem Treffen seinen lang erwarteten großen Auftritt haben und seinen Status als Platzhirsch in der New Yorker Verbrecherwelt behaupten. Im Grunde wollte er eine Art Pseudo-„Boss der Bosse" werden. Nach dem erfolgreichen Mord an Albert Anastasia einen Monat zuvor fühlte Genovese, dass er dazu bestimmt war, die Nummer eins im Land zu werden. Hier, im Haus von Joe „The Barber" Barbera, der Boss einer anderen Familie mit Sitz in Pennsylvania war, wollte er am 14. November 1957 erreichen, dass alle anderen Bosse dies anerkannten.

Solche großen Treffen zwischen Mafiabossen waren keine Seltenheit, aber sie waren in der Regel sehr clever organisiert. In der Regel fanden sie im Abstand von mindestens vier Monaten statt, und jedes Mal an einem anderen Ort, um Abhörmaßnahmen oder Wanzen der Polizei zu vermeiden. Dieses Mal bestand Genovese jedoch darauf, dass das Treffen nur einen Monat nach dem letzten im selben Haus in derselben Kleinstadt stattfand. Joe Bonanno, der in solchen Situationen oft die Stimme der Vernunft war, warnte sowohl Genovese als auch seinen engen Freund Stefano Magaddino, dass dies eine schreckliche Idee sei und sie sich damit nur Ärger einhandeln würden. Magaddino stimmte zu, doch Genovese wollte es nicht hören – das Treffen fand trotzdem statt. Der Genovese-Boss war der Meinung, dass er nach Anastasias Tod so schnell wie möglich eine große Versammlung benötigte, um seine Macht zu festigen und allen mitzuteilen, was er mit denjenigen vorhatte, die sich ihm widersetzten.

Zum Pech für Genovese war das Treffen ein Fehlschlag und Bonanno hatte Recht. Die örtliche Polizei bekam Wind davon, dass etwas Großes im Gange war, lange bevor die nationalen Mafia-Vertreter überhaupt in New York City landeten. Offenbar hatten sie einen Hinweis auf eine große Anzahl verdächtiger Hotelreservierungen erhalten, die alle für dieselbe Zeit angesetzt und auf eine einzige Person registriert waren, die Verbindungen zur New Yorker Mafia hatte. Als Apalachin schließlich stattfand, war die New Yorker Polizei bereits in Alarmbereitschaft. Nachdem die Polizisten vor Ort die vielen Luxusautos bemerkt hatten, die alle auf Barberas großem Anwesen geparkt waren – viele davon mit Nummernschildern aus anderen Bundesstaaten –, begannen sie, die Nummernschilder zu notieren. Schließlich bekamen sie grünes Licht für eine Razzia in dem Haus.

Während Genovese seine Macht und Größe im Haus vor Bonanno und den anderen skeptischen Bossen zur Schau stellte, stürmte die Polizei das Haus und begann, alle Anwesenden zu verhaften. In

Panik flüchteten viele der Mafiosi in schicken Anzügen und mit teurem Schmuck durch jeden verfügbaren Ausgang und versuchten, zu Fuß zu entkommen. Fast alle wurden schnell gefasst, darunter auch Joe Bonanno. Er wurde auf lustige Weise gefasst und identifiziert, als er durch ein Maisfeld hinter dem Haus der Barberas stapfte und stolperte. Später behauptete Bonanno, er sei gar nicht auf dem Treffen in Apalachin gewesen, sondern sein Fahrer. Dieser trug Bonannos Führerschein bei sich, weshalb er fälschlicherweise als Joseph C. Bonanno identifiziert wurde. Diese Erklärung ist besonders witzig, wenn man bedenkt, dass Bonannos persönlicher Fahrer keinen Grund gehabt hätte, sich in der Barbera-Residenz aufzuhalten, wenn Bonanno nicht anwesend gewesen wäre. Zudem hätte er keinen Ausweis von Bonanno mit sich führen müssen. Wahrscheinlicher ist, dass der Mann seinen opulenten Ruf schützen wollte und nicht zugeben wollte, dass er in seinen Designerschuhen vor der Polizei zu Fuß durch den Dreck fliehen musste.

Von allen Mafiosi, die 1957 in Apalachin verhaftet wurden, kam es zu genau null Verurteilungen. Es gab schlichtweg nichts Konkretes, das man den Anwesenden anhängen konnte, Joe Bonanno eingeschlossen, der zu dieser Zeit auch als „Don Peppino" bekannt war. Fast alle anwesenden Mafiosi behaupteten, sie hätten nur Barbera besucht, einen Freund von ihnen, der seit einiger Zeit krank war. Das war eine wenig überzeugende Lüge – schließlich waren Dutzende von ihnen zur gleichen Zeit aufgetaucht, einige waren sogar aus Kalifornien, Missouri, Colorado und Texas eingeflogen worden. Trotzdem war es ein dunkler Tag für die Mafia. Jahrzehntelang hatte die Mafia einen Hauch von Geheimnis bewahrt, was vor allem daran lag, dass es ihren Mitgliedern verboten war, ihre Existenz außerhalb der Familien einzugestehen. Zwar hatten die meisten Amerikaner eine vage Vorstellung davon, was die Mafia war, und wussten allgemein, dass es eine Art italienisch-amerikanische Organisation des organisierten Verbrechens gab, doch war ihr Ausmaß immer noch weitgehend unklar. Nach der großen Verhaftung in Apalachin, die landesweit für Schlagzeilen sorgte, konnte jedoch kein Mafioso mehr überzeugend leugnen, dass es eine Art Netzwerk des organisierten Verbrechens gab. Wenn sie es doch taten, wurden sie weder von der amerikanischen Bevölkerung noch von den Staatsanwälten ernst genommen. Die Einzelheiten der Mafia waren zwar weiterhin ein Geheimnis, doch auch das sollte bald ein Ende haben. Letztendlich kam die Bonanno-Familie nach Apalachin glimpflich davon – der rivalisierende Boss Vito Genovese musste für das Scheitern geradestehen – aber die Tatsache, dass er bei einer so öffentlichkeitswirksamen Veranstaltung entlarvt wurde, war eine schlechte Nachricht für die Zukunft seiner Familie.

KAPITEL 4

"ER PFLANZT ÜBERALL AUF DER WELT FAHNEN..."

Während es Joe Bonanno in den 1950er Jahren gelang, weitgehend unantastbar zu bleiben, hatten die meisten anderen Bosse der Five Families nicht so viel Glück. Luciano war bereits verstorben und Tommy Gagliano sowie Vincent Mangano starben beide in den ersten Jahren des Jahrzehnts. In den frühen 1960er Jahren waren nur noch zwei Mafiosi übrig: Joe Bonanno und sein enger Verbündeter Joe Profaci. Auch dieses Bündnis sollte nicht ewig halten. Die 1960er Jahre stellten sowohl Joe als auch seine Familie vor ernsthafte Probleme; sein Ruf als ruhiger und friedlicher Schiedsrichter der Mafiajustiz sollte bald völlig zerrüttet sein. Seine manifeste Habgier, sein Streben nach Macht und sein aggressiver Expansionismus wurden für die jüngste Generation der Mafia zu viel.

Das Komplott gegen die Kommission

Im Jahr 1961 sah sich die mit den Bonannos verbündete Profaci-Familie mit dem ersten einer Reihe von tödlichen und gewalttätigen internen Konflikten konfrontiert. Joe Gallo, ein notorisch labiler (und, wie sich später herausstellte, höchstwahrscheinlich schizophrener) Machthaber der Familie, hatte vier andere hochrangige Profaci-Männer, darunter auch den Bruder des Bosses, Frank, entführt, um die Macht zu übernehmen. Dieser Konflikt ist als Erster Colombo-Krieg bekannt und drohte, Joe Bonannos einzigen wirklichen Verbündeten in New York City auszuschalten. Zu allem Überfluss kämpfte Profaci mit Krebs. Nachdem mehrere seiner engen Freunde ihm aus gesundheitlichen Gründen geraten hatten, sich zurückzuziehen, starb er 1962.

Joe Bonanno war jetzt vielleicht so verwundbar wie noch nie. Er war nun der letzte der ursprünglichen Kommissionsbosse, der noch eine Familie in New York leitete. Abgesehen von Magaddino in Buffalo war er isoliert. Obwohl er fortschrittlicher und zukunftsorientierter war als die meisten seiner Generation, wurde er von einigen der jüngeren Mafiosi innerhalb und außerhalb der Familie immer noch verachtet. Erschwerend kam hinzu, dass sich nach Profacis Tod eine neue Allianz zwischen Tommy Lucchese, der seit 1951 der Boss von Gaglianos ehemaliger Familie war, und Joe Colombo, einem hochrangigen Mitglied der nun bosslosen Profaci-Familie, gebildet hatte. Gemeinsam könnte diese Allianz die mächtige Bonanno-Familie bedrohen. Wenn Bonanno seinen Aufstieg in der New Yorker Unterwelt fortsetzen wollte, musste er handeln, um zu verhindern, dass er selbst ein Opfer der Gier seiner Mitbosse wurde.

Es gab noch ein weiteres großes Problem, mit dem die gesamte Mafia in der ersten Hälfte der 60er Jahre konfrontiert war: 1959 wurde ein Mitglied der Genovese-Familie, ein Soldat namens Joe Valachi, verhaftet und wegen Drogenhandels angeklagt. Er wurde zu 15 Jahren Gefängnis verurteilt. In der Überzeugung, dass Vito Genovese für seine Verurteilung verantwortlich war, wandte sich der Soldat während seiner Haft an die Regierung und bot an, Informationen im Austausch gegen Schutz und eine mögliche Strafminderung zu liefern. Es kam zu einem Deal, und der „Verräter" Valachi trat 1963 im Rahmen der sogenannten Valachi-Anhörungen unter dem Vorsitz von Senator John McClellan aus Arkansas als Zeuge auf. Er hatte vor, Informationen über die Mafia preiszugeben, die jahrzehntelang geheim gehalten worden waren. Als er das Wort ergriff, informierte er nicht nur über den aktuellen Zustand der Fünf Familien, sondern auch über ihre Geschichte. Er nannte die Namen der ursprünglichen und der aktuellen Bosse. Er beschrieb sogar die „heiligen Riten" der Mafia-Aufnahmezeremonie, zu denen der Aderlass und das Anzünden eines Heiligenbildes in der Handfläche gehören. Valachi war der erste „made man" in der Geschichte, der die Existenz der Mafia öffentlich zugab. Damit bestätigte er, was viele schon lange vermutet hatten: Es war der krasseste Verstoß gegen die Omertà in der Geschichte der Mafia. Für unsere Geschichte ist am wichtigsten, dass Joe Bonanno persönlich von dem inzwischen berüchtigten Verräter Genovese genannt wurde.

Kurz nach Profacis Tod übernahm Joseph „Evil Eye" Magliocco, ein Gewerkschaftskrimineller und begabter Koch, die Kontrolle über die Familie. Magliocco wurde von den meisten seiner Profaci-Kollegen im Allgemeinen als eher schwacher Anführer angesehen. Noch beunruhigender war jedoch die Tatsache, dass sein Aufstieg zur Macht nicht von der Mafia-Kommission gebilligt wurde. Trotzdem unterstützte Joe Bonanno Magliocco offen und half ihm, seine Machtbasis zu festigen, was im direkten Widerspruch zu den inoffiziellen Regeln der Kommission stand. Da Bonanno wusste, dass die anderen Bosse seinen schamlosen Versuch, die Macht an sich zu reißen, nicht länger dulden würden, beschloss er, als Erster zu handeln. Gemeinsam mit seinem neuen, wenn auch weitaus schwächeren Verbündeten Magliocco schmiedete er ein gewalttätiges, dreistes und völlig beispielloses Komplott gegen die Mafiakommission. Ihr Plan bestand darin, mehrere Morde an Kommissionsvorsitzenden – darunter Lucchese, Gambino und sogar Stefano Magaddino in Buffalo – zu inszenieren. Magaddino, der Bonanno einst dabei geholfen hatte, in Kanada Fuß zu fassen, war ihm wegen seiner unverhohlenen Machtergreifung und seiner Versuche, ihn aus seinem eigenen Gebiet in Toronto zu verdrängen, nicht mehr wohlgesonnen. Außerdem hatte Bonanno seine Verbindungen weiter nach Montreal und Quebec im Norden ausgeweitet, Städte, in denen ein großer Teil des Heroins der Mafia umgeschlagen wurde. Magaddino beschwerte sich, dass Joe „überall auf der Welt Fahnen aufstellt", und glaubte, er sei zu ehrgeizig für sein eigenes Wohl. Joe wusste um diese Meinung Magaddinos und verließ deshalb ihre langjährige Allianz, vermutlich um auch in Upstate New York Fuß zu fassen.

Bonanno hatte mehrere andere Ziele in verschiedenen Städten der USA, darunter Kalifornien. Magliocco bot seinerseits an, sich um die Ziele in New York City zu kümmern. Doch genau hier wurden Fehler gemacht. Magliocco beschloss, die Aufträge an den ehrgeizigen und aufstrebenden Geschäftsmann Joe Colombo zu vergeben. Zum Leidwesen von Bonanno und Magliocco war Colombo offenbar ein ehrbarer und weniger gehorsamer Mann als angenommen. Colombo war nicht bereit, gegen den Mafia-Kodex zu verstoßen, indem er Morde an anderen Mafiosi oder gar Familienbossen wie Lucchese und Carlo Gambino durchführte. Colombo hatte eine andere Idee: Anstatt die Morde zu planen, setzte er sich mit den Vorsitzenden der Kommission zusammen und erklärte ihnen Schritt für Schritt, was sein nicht bestätigter Vorgänger Profaci ihm aufgetragen hatte.

Die Mitglieder der Kommission waren entsetzt, aber vielleicht nicht wirklich überrascht von dieser Nachricht. Magliocco wusste, dass seine Position bestenfalls prekär war und dass er sich mit seinem kleinen Stunt mehr als nur ein paar Feinde in der Kommission gemacht hatte. Die Kommission wusste jedoch auch, dass Magliocco nicht mächtig und wahrscheinlich auch nicht clever genug war, um ein solches Komplott allein zu organisieren. Da nur ein Teil von Profacis alter Familie ihn unterstützte und sich die gesamte Joe-Gallo-Fraktion noch immer im Krieg befand, war Magliocco nicht annähernd mächtig genug, um mit den unausweichlichen Gegenreaktionen fertigzuwerden, die die Anschläge nach sich ziehen würden – falls sie erfolgreich wären. Natürlich verdächtigten sie Joe Bonanno, den verärgerten Veteranen der alten Schule, der glaubte, er habe ein Recht darauf, die Kommission zu dominieren. Wütend lud die Kommissionsleitung beide Mitverschwörer vor, um sich zu erklären, doch Bonanno erschien nicht. Er hatte überall Verbindungen und würde in den meisten Großstädten, in denen die Mafia operierte, Unterschlupf finden können. Also beschloss er, sich aus dem Staub zu machen. Magliocco, der nicht annähernd die gleiche nationale Macht besaß wie Bonanno, hatte keine andere

Wahl, als die Konsequenzen zu tragen. Er erschien mit eingezogenem Schwanz vor der Kommission und bettelte um Vergebung, indem er erklärte, dass Bonanno der wahre Drahtzieher hinter allem gewesen sei. In Anbetracht seines fortgeschrittenen Alters und des Wunsches der Kommission, weiteres Blutvergießen zu vermeiden, entschied sie, Gnade mit dem ehemaligen Profaci-Hauptmann walten zu lassen. Er wurde gezwungen, sich vollständig aus der Mafia zurückzuziehen. Joe Colombo, der die beiden Intriganten verpfiffen hatte, wurde mit der totalen Kontrolle über die Familie belohnt.

Die Bonannos und die sechste Familie

Als das Komplott von Joe Bonanno und Joe Magliocco gegen die Kommission aufgedeckt wurde, hatte die Bonanno-Familie ihre Einflussgebiete deutlich erweitert. Sie war inzwischen sowohl zwischenstaatlich als auch international aktiv. Joe unterhielt besonders starke Verbindungen in Arizona sowie in San Jose und San Francisco in Kalifornien. Ihm berichteten auch Mafiosi aus dem Hinterland von New York (Magaddinos Gebiet) sowie aus Wisconsin und Colorado. Außerhalb der USA unterhielt Joe Bonanno enge familiäre Beziehungen zu den alten sizilianischen Familien, vor allem in seiner Heimatstadt Castellammare del Golfo. Montreal war fest in Bonannos eisernem Griff und seine Männer hatten auch in Toronto und Hamilton, der wichtigen stahlproduzierenden Hafenstadt im Süden Ontarios, Fuß gefasst. Nach dem Treffen in Palermo in den 1950er Jahren unterstützte Joe Bonanno den einflussreichen kalabrischen Boss in Montreal, Vincenzo „Vic" Cotroni, persönlich und beauftragte ihn mit der

Überwachung der Bonanno-Interessen in der Stadt im Norden. Technisch gesehen gehörte Cotroni nicht zur Mafia, sondern zur 'Ndrangheta, einer anderen Art von italienischer Verbrecherorganisation, deren Wurzeln eher in Kalabrien als auf Sizilien zu finden sind. Luigi Greco, ein Sizilianer, wurde Cotronis Stellvertreter in Montreal. Obwohl beide Männer ihr eigenes Gebiet besaßen, unterstanden sie direkt Joe Bonanno.

Cotroni arbeitete sehr eng mit Carmine Galante zusammen, dem obersten Drogenfahnder der Bonannos. Galante war in den frühen 1950er Jahren nach Montreal gegangen, um die Interessen der Familie im Heroinschmuggel zu koordinieren. Gerlando Sciascia, liebevoll „George aus Kanada" genannt, diente als Bonanno-Verbindungsmann zwischen New York City und Montreal, da er enge Verbindungen zu beiden Städten hatte (er war 1955 ursprünglich nach Montreal gezogen, einige Jahre später nach New York City, behielt aber seine Verbindungen zu den Cotronis in Kanada bei). Mit der vollen Unterstützung der mächtigen Bonanno-Familie konnten sich die Cotronis über all ihre beträchtlichen Konkurrenten hinwegsetzen und jahrelang den Frieden in Montreal aufrechterhalten – und wurden dadurch selbst unglaublich mächtig. Sie wurden bald als „Sechste Familie" bezeichnet – in Anlehnung an die Fünf Familien von New York –, doch schließlich wurde dieser Titel einer anderen Fraktion in Montreal zugesprochen: den Sizilianern unter der Führung des berüchtigten Mafioso Nicolo Rizzuto. Zunächst waren es jedoch die Cotronis, die dem New Yorker Clan massive Drogengewinne bescherten.

Dieses Arrangement geriet nach dem Scheitern von Joes Komplott gegen die Kommission in erhebliche Turbulenzen. Während in den 1950er Jahren die Befehlskette klar war und Joe persönlich für Stabilität in Kanada und in den verschiedenen amerikanischen Bundesstaaten, in denen die Kommission tätig war, sorgte, verschwand er, nachdem Colombo das Komplott aufgedeckt hatte, völlig. Selbst hochrangige Mitglieder seiner eigenen Familie hatten keine Ahnung, wohin der Don verschwunden war. Möglicherweise hatte sein Sohn Bill eine vage Ahnung, wo er sich aufhielt. Wie wir jedoch sehen werden, hatte der jüngere Bonanno eigene Probleme, mit denen er fertig werden musste. Aber unterm Strich hatte Joe viele Gründe, aus New York zu fliehen. Offensichtlich waren die Kommission und der Rest der Fünf Familien hinter ihm her, da er ihnen etwas antun wollte. Joe wäre wahrscheinlich nicht sofort getötet worden, denn die Kommission wollte keinen Präzedenzfall schaffen, indem sie einen Mord an einem anderen Kommissionsvorsitzenden anordnete – Joe war im Moment schließlich noch Kommissionsvorsitzender –, aber er wurde verachtet und war praktisch ein Paria der Mafia. Außerdem fürchteten die anderen Bosse einen möglichen Mafiakrieg, der von den Regionen außerhalb des Staates ausging, in denen Joe viel Macht hatte – insbesondere in Arizona und Kanada. Selbst wenn sie seinen Tod nicht angeordnet hätten, hätte die Kommission mit Sicherheit eine finanzielle Entschädigung sowie die Herausgabe aller Geschäftsinteressen von Bonanno gefordert und ihn zum Rücktritt gezwungen. Jedes dieser Szenarien war für den ehrgeizigen Boss inakzeptabel.

Im Oktober 1964 wurde Joe zudem aufgefordert, vor einer New Yorker Grand Jury zu erscheinen, um Fragen zu beantworten und über seine angeblichen illegalen Geschäfte auszusagen. Da sowohl die Bundes- als auch die Landesregierung hinter ihm her waren und mehrere New Yorker Mafiosi seinen Kopf forderten, war es nicht verwunderlich, dass Don Peppino spurlos verschwand. Das letzte Mal, dass er in New York gesehen wurde, war am Abend vor seiner Vernehmung, was ein sehr gutes Timing war. Später hatte Joe eine bequeme Ausrede für sein Nichterscheinen parat, die er der Regierung gab. Laut dem Bonanno-Boss hatte er die Absicht, zu seiner Anhörung zu erscheinen, wurde aber angeblich von rivalisierenden Mafiosi auf Anweisung der Mafia-Kommission entführt (obwohl Joe die Existenz der Mafia oder der Kommission natürlich nicht explizit erwähnte). In seinen Memoiren behauptete Joe, dass er am Abend zuvor von bewaffneten Männern in ein Auto gezwungen worden sei, während er sich auf seinen Gerichtstermin vorbereitete. Dann wurde er an einen abgelegenen Ort in den Catskills gebracht, einem Gebirgszug im Greene County in New York, etwa 120 Meilen nördlich von Manhattan. Dort wurde er von Mitgliedern der Kommission und ihren Auftragskillern konfrontiert. Sie verlangten eine Erklärung für das Komplott und suchten Bonannos Kooperation, um die nach dem Scheitern des Komplotts aufgeflammten Spannungen in New York abzubauen.

Unabhängig davon, ob die Entführung wahr war oder nicht – viele Menschen waren schon damals sehr skeptisch –, kam Joe schließlich mit der Kommission in Kontakt. Die Führung der Fünf Familien wollte, dass er von seinem Amt zurücktritt und in Ungnade, aber friedlich ausscheidet. Joe willigte offenbar ein, allerdings unter einer Bedingung: Sein Sohn Salvatore „Bill" Bonanno sollte die volle Kontrolle über seine ehemalige Familie erhalten, nachdem der ältere Bonanno von der Bildfläche verschwunden war. Es überrascht nicht, dass die anderen New Yorker Bosse dies als inakzeptabel betrachteten. Sie glaubten, dass Bill genauso ehrgeizig wie sein Vater sein würde und dass ein weiterer Bonanno innerhalb und außerhalb der Familie für böses Blut sorgen würde. In ihren Augen hatte Joe das Recht aufgegeben, seinen Sohn als Erben zu unterstützen, als er beschloss, die Regeln der Kommission zu brechen und gegen Lucchese, Magaddino, Gambino und die anderen vorzugehen. Außerdem konnten sie nicht garantieren, dass Joe seinen Sohn nicht als Marionette benutzen und die Familie durch Bill weiterführen würde. Daher lehnte die Kommission diese Bedingung kategorisch ab, da sie der Meinung war, dass Joe ohnehin nicht in der Lage war, einen Deal auszuhandeln.

Stattdessen unterstützten sie einen relativ unbekannten Bonanno-Soldaten namens Gaspare DiGregorio für den Posten des Bosses. DiGregorio war ein Oldtimer. DiGregorio war schon sehr lange dabei und hatte während der Prohibition angefangen, was heutzutage immer weniger Mafiosi von sich behaupten können. Er hatte den blutigen Castellammarese-Krieg miterlebt, in dem er an der Seite von Joe Bonanno, Lucky Luciano und anderen großen Namen gekämpft hatte. Obwohl er nicht annähernd den Ruf seiner Zeitgenossen erlangt hatte, genoss DiGregorio, wenn überhaupt, Respekt. Er genoss die gleiche Wertschätzung, die ein Soldat in Vietnam für einen Veteranen des Zweiten Weltkriegs empfunden haben mag. Er war auf jeden Fall geeignet, zumindest ein mächtiges

Aushängeschild zu sein – und das bedeutete Ärger für Bonanno. Um die Sache noch komplizierter zu machen, stand DiGregorio Joe Bonanno und seiner Familie offenbar schon lange nahe. Als DiGregorio noch Ambitionen hatte, eines Tages Consigliere zu werden, war er in Joes Kreisen gut vernetzt und sehr beliebt. Vor Jahren, nachdem er in die USA gekommen war, hatte DiGregorio die Schwester von Stefano Magaddino geheiratet. Magaddino war der Boss der Buffalo Family und ein Verwandter von Joe Bonanno. Außerdem verband ihn seit Jahren eine enge persönliche Freundschaft mit Joe: Er war Trauzeuge bei dessen Hochzeit mit Fay Labruzzo im Jahr 1931 und wurde sogar zum Paten von Joes erstem Sohn Bill ernannt – dem Mann, mit dem er nun um die Kontrolle über die Familie wetteiferte. Trotz der familiären Beziehungen zu seinem Gegner und der Tatsache, dass er von so gut wie allen anderen unterstützt wurde, setzte Bill seinen Anspruch auf den Thron durch. Diese Vorgehensweise spaltete die einst geeinte Bonanno-Familie bald in zwei Hälften und hatte, wie wir noch sehen werden, tödliche Folgen.

Es ist unklar, ob und wie Joe seinen Entführern in den Catskills entkommen konnte, aber er war auf jeden Fall etwa zwei Jahre lang verschwunden. Die besten Hinweise deuten darauf hin, dass Joe zunächst nach Kalifornien, wahrscheinlich nach San Francisco, geflohen war, wo er ausreichend Schutz hatte. Von dort aus gelangte er nach Kanada, wo er blieb, bis er schließlich nach New York zurückkehrte. Dort stand er sehr wahrscheinlich unter dem Schutz der Familie Cotroni. Doch auch hier gerieten die Dinge langsam ins Wanken. Luigi Greco, Vic Cotronis Nummer zwei, hatte sich nämlich heimlich mit dem ehrgeizigen Nicolo Rizzuto verbündet. Dieser war 1954 nach Kanada eingewandert und unterhielt enge Beziehungen zu den sizilianischen Familien. Dies stellte eine potenzielle Bedrohung für Joes Machtbasis in Kanada dar. Um die Unterstützung für die Bonanno-Fraktion zu sichern, arrangierten Joe und Cotroni, dass zusätzliche Kräfte nach Montreal kamen, um die Greco-Rizzuto-Fraktion auszugleichen. Der Mann, den sie mitbrachten, war Paolo Violi. Er war ein weiterer aufstrebender Star und gehörte zur mächtigen Luppino-Familie, die Hamilton, Ontario, beherrschte und mit Magaddino verbündet war.

Violi stimmte zu, verließ Hamilton und wurde schnell Cotronis oberster Kapitän in Montreal. Magaddino war wütend – als ob der Mordkomplott gegen den Buffalo-Boss nicht schon genug gewesen wäre, wilderte Joe Bonanno nun auch noch einen seiner Top-Leute im Norden ab. Es versteht sich von selbst, dass die Beziehungen zwischen den beiden Castellammarese-Bossen für immer zerstört waren. Eine Zeit lang blieb es für Bonannos Fraktion in Montreal friedlich, doch in den nächsten Jahren eskalierte die Situation, als die abtrünnige sizilianische Fraktion unter der Führung von Nicolo Rizzuto in den Krieg zog. Einige von Joes wichtigsten Unterstützern in Kanada kamen dabei ums Leben, und die Familie Cotroni wurde schließlich von der Familie Rizzuto verdrängt, die sich nun „Sechste Familie" nannte. Doch bevor es so weit war, bereitete sich die Bonanno-Familie in New York City darauf vor, sich selbst zu zerreißen – dank des Machtvakuums, das Joe hinterlassen hatte, als er auf der Flucht war.

KAPITEL 5

DER BANANENSPLIT

Joe Bonanno ist aus New York geflohen. Seine Familie ist in Unordnung zurückgeblieben. Ohne den Boss, der alle unter Kontrolle gehalten hatte, spaltete sich die Familie in zwei gegensätzliche Fraktionen: Die eine Fraktion unterstützte Bill Bonannos Machtanspruch (d. h. diejenigen, die Joe immer noch die Treue hielten und ein Gefühl der Kontinuität zwischen den Bossen aufrechterhalten wollten). Die andere Fraktion wurde von denjenigen angeführt, die den von der Kommission ernannten Gaspare DiGregorio unterstützten. Die Mafiosi waren unzufrieden mit Joe. Sie hatten genug von seiner ständigen Abwesenheit und seiner jüngsten Entscheidung, die Familie im Stich zu lassen. Viele fühlten sich von Joe persönlich verraten. Sie waren der Meinung, dass sein hinterhältiger Plan, die Kontrolle über die Kommission an sich zu reißen, sie alle unnötig und egoistisch in Gefahr brachte. Außerdem befürchteten sie, dass ihre Fähigkeit, mit den anderen NYC-Familien zusammenzuarbeiten, möglicherweise ruiniert würde. Die meisten von DiGregorios Unterstützern waren außerdem der Meinung, dass Bills Versuch, die Kontrolle zu übernehmen, ein offensichtlicher Fall von mafiöser Vetternwirtschaft war. Sie waren der Ansicht, dass der jüngere

Bonanno sich seine Streifen nicht "verdient" hatte. Zwar war es nicht ungewöhnlich, dass die Söhne der Bosse die Position ihres Vaters erbten, doch in Bills Fall glaubte ein großer Teil der Familie, dass er nicht in der Lage war, eine ganze Organisation zu führen. Das galt auch für Carlo Gambino und Tommy Lucchese, die ebenfalls der Meinung waren, dass Bill kein Recht hatte, in dieselbe Position wie sie aufzusteigen. Ohne seinen Vater wäre er nichts gewesen. Im Gegensatz zu Bill mussten Gambino und Lucchese hart arbeiten, um ihre Positionen zu erreichen.

Joes Weggang war für Bill offensichtlich ein schwerer Schlag. Sein Vater, der Boss, hatte ihn mit dem Schlamassel in New York City allein gelassen. Zuvor hatte er den Ruf und das Ansehen der Bonannos in den Augen ihrer Feinde und Verbündeten ruiniert. Während des darauffolgenden Streits hätte Bill sich vielleicht an die alten Freunde seines Vaters wenden können, an Männer wie Profaci, Magaddino in Buffalo oder Magliocco. Doch sie waren entweder tot oder hatten sich gegen Joe Bonanno und seine Familie gestellt. Bill war völlig auf sich allein gestellt – abgesehen von den wenigen, die seinen Vater noch unterstützten, egal wo er war. Das FBI hatte einen Informanten, der fast während der gesamten Dauer des Konflikts über die Aktivitäten der Familie berichtete. Das erschwerte die Sache zusätzlich. Über die Geschehnisse verfügte das FBI über ein außergewöhnlich hohes Maß an Informationen. Darunter befanden sich auch Profile darüber, welche Gangster wen unterstützten und was zu welchem Zeitpunkt geschah. Dass das FBI immer einen Schritt voraus zu sein schien, war für Bill noch ein Grund zur Sorge. Es gibt jedoch Grund zur Annahme, dass der Informant, der die Informationen weitergab, tatsächlich Bill

Bonanno selbst war. Die Einzelheiten des FBI-Profils ihres anonym bleibenden Informanten legen die Beklemmung des Informanten und seinen zwiespältigen Geisteszustand offen, der genau zu der Zeit begann, als Joe Bonanno aus New York verschwand. Spätere Berichte legen nahe, dass der Informant plötzlich nicht mehr kooperieren wollte, was perfekt zu Joes überraschendem Wiederauftauchen in der Stadt passte. Außerdem schienen dem FBI mehr Informationen über Bills Gegner als über seine eigenen Unterstützer bekannt zu sein. Wenn das der Fall war, dann suchte Bill wahrscheinlich zum einen ein Sicherheitsnetz für den Fall, dass sich der Konflikt gegen ihn wenden würde, und nutzte zum anderen das FBI, um DiGregorios Fraktion heimlich zu schwächen. Die tatsächliche Identität des Informanten wird möglicherweise niemals ans Licht kommen, jedoch ist es durchaus denkbar, dass Bonanno Junior zumindest zeitweise für die Regierung tätig war.

Obwohl die beiden Fraktionen eindeutig verfeindet waren, kam es anfangs nur zu relativ wenig Gewalt. Die Bonanno-Familie hatte sich bereits bei der Kommission unbeliebt gemacht. Bill und DiGregorio wollten nicht derjenige sein, der einen weiteren tödlichen und kostspieligen Bandenkrieg anzettelt, der ihren Ruf nur noch weiter ruinieren würde. Ironischerweise kam es bei einem vermeintlichen „Friedenstreffen", bei dem die Spannungen abgebaut und eine Lösung für den Führungsstreit gefunden werden sollten, zum ersten Mal wirklich zu Gewalt. Im Januar 1966 setzte sich DiGregorio mit Bill und seinen Anhängern in Verbindung, um ein Treffen zu vereinbaren. Wie es in solchen Situationen üblich ist, überließ der Mann, der das Treffen anbot, den Empfängern die Wahl des Ortes. So wollte er sie beruhigen und den Verdacht zerstreuen, dass sie in eine Falle gelockt wurden. Bill entschied sich für das Haus eines Verwandten in Brooklyn und DiGregorio stimmte zu. Zu Bills Unglück waren seine Bedenken berechtigt: DiGregorio hatte nicht die Absicht, sich mit ihm zu treffen, sondern plante, ihn auszuschalten, bevor er das Haus seines Onkels überhaupt betreten hatte. Während Bill und seine Männer sich dem Treffpunkt näherten, lauerten draußen Auftragskiller von DiGregorios Gruppe auf sie. Als Bill das Grundstück betrat, eröffneten sie mit Maschinengewehren das Feuer auf ihn. Bills Männer zogen eilig ihre Waffen und feuerten zurück, doch die Schützen fuhren schnell davon, da sie den jungen Bonanno nicht ausschalten konnten. Überraschenderweise wurde auf beiden Seiten niemand getötet oder verletzt, doch dieser Zwischenfall führte zu noch mehr Gewalt. Die beiden Seiten befanden sich nun in einem offenen Konflikt.

Währenddessen war Joe immer noch auf der Flucht – sowohl vor Mafiosi, die ihn tot sehen wollten, als auch vor Bundesagenten, die ihn hinter Gittern sehen wollten. Er war damals der einzige Boss, der ein realistisches Ziel für die neuen Anti-Betrugsgesetze gewesen wäre, die von Robert F. Kennedy, dem Generalstaatsanwalt der USA und Bruder des kürzlich ermordeten Präsidenten John F. Kennedy, vorangetrieben wurden. Erstaunlich ist, dass Joe trotz des großen Drucks, der auf ihm lastete, seine Intrigen nicht aufgab, während er auf der Flucht war. In Kalifornien setzte er seinen Versuch fort, die nationale Mafia-Szene zu dominieren, und hatte dabei Los Angeles im Visier – die Heimat der Los Angeles Crime Family, die von Frank DeSimone, dem Sohn des ehrwürdigen Rosario DeSimone, angeführt wurde. Frank war eines von Joes

Zielen in der Kommissionsverschwörung, deren Aufdeckung den LA-Boss in einen neurotischen Paranoiker verwandelt hatte. Joe dachte sich, dass er den Job genauso gut zu Ende bringen könne, da er sich ohnehin bereits in der Gegend aufhielt. Joe hielt DeSimone schon lange für einen schwachen Anführer, der entweder nicht in der Lage oder nicht willens war, den riesigen kriminellen Markt einer Stadt wie Los Angeles zu nutzen, die San Francisco und San Jose in den Schatten stellt. Wenn es Joe gelänge, DeSimone zu stürzen und Bill den Einzug zu ermöglichen, könnten die Bonannos ganz Kalifornien von ihren Stützpunkten in San Francisco, San Jose und Los Angeles aus kontrollieren. Sollte die Familie zudem die Kontrolle über New York zurückgewinnen, würde die Bonanno-Familie die Mafiaoperationen an der Ost- und Westküste kontrollieren.

Was genau Joe unternahm, um diese Ziele zu erreichen, ist nicht bekannt, aber er scheiterte eindeutig. Frank DeSimone war schwer zu erreichen, da er sich nach der Kommissionsverschwörung zurückgezogen hatte. So hatte Joe alle Hände voll zu tun. In New York waren die Verantwortlichen der Kommission zunehmend unzufrieden damit, dass es DiGregorio nicht gelungen war, die internen Streitereien zu beenden und die beiden Bonanno-Fraktionen unter Kontrolle zu bringen. Infolgedessen verlor die Bonanno-Familie offiziell ihre Vertretung in der Kommission – technisch gesehen war sie immer noch Teil der nationalen Organisation, aber der Boss hatte keinen Sitz mehr am Tisch und konnte nicht mehr über wichtige nationale Mafiaangelegenheiten abstimmen. Im Jahr 1968 wurde ein erfolgreicher Anschlag auf mehrere von DiGregorios Männern verübt und der Boss selbst wurde bei einem Maschinengewehrfeuer verwundet. Kurz darauf erlitt DiGregorio einen schweren Herzinfarkt, der wahrscheinlich auf den Stress des Bandenkriegs zurückzuführen war. Er hatte keine andere Wahl, als sich zurückzuziehen. Nur zwei Jahre später starb DiGregorio an Lungenkrebs. Nach seinem Rücktritt verlagerte die Kommission ihre Unterstützung auf Paul Sciacca, den die meisten von Bonannos Männern verdächtigten, den gescheiterten Anschlag auf Bill Anfang 1966 angeführt zu haben.

1968 hatten beide Fraktionen in dem, was die New Yorker Medien den „Bananenkrieg" oder, treffender, den „Bananenspalt" nannten, erhebliche Verluste erlitten. Es gab immer noch keinen klaren Weg für Joes Rückkehr an die Spitze der New Yorker Kriminalität, und es schien, als würden die Gambinos, Luccheses und Colombos seine und Bills Feinde nicht so bald unterstützen. Joe war 1966 kurzzeitig wieder aufgetaucht, als er sich endlich bei den Behörden meldete und behauptete, seine Entführung sei der Grund dafür gewesen, dass er sich zwei Jahre zuvor nicht bei ihnen gemeldet hatte. Weder das FBI noch seine eigenen Leute glaubten ihm seine Geschichte – die meisten glaubten, dass er sie einfach im Stich gelassen hatte. Vor diesem Hintergrund erklärte sich der legendäre Don Peppino schließlich bereit, sich aus den Mafia-Aktivitäten zurückzuziehen, seinen gesamten Besitz und seine Geschäfte aufzugeben und New York City für immer zu verlassen. Er zog sich in ein vermeintlich ruhiges Leben in Tucson, Arizona, zurück. Ohne Joe hatte Bill so gut wie keinen Machtanspruch mehr. Es war nur eine Frage der Zeit, bis das, was von seiner Unterstützung übrig war, zu bröckeln begann und wegfiel. Sciacca war ohnehin fähiger als DiGregorio und hätte Bill die Unterstützung wahrscheinlich entzogen, als seine

Männer des Blutvergießens müde geworden waren. Auf Drängen der anderen Bosse zog sich Bill ebenfalls zurück und zog nach San Jose, Kalifornien. Vater und Sohn wurden mit dem sofortigen Tod bedroht, sollten sie sich noch einmal in New York blicken lassen. Eigentlich sollten die beiden für den Rest ihres Lebens als Zivilisten leben, doch es ist sehr wahrscheinlich, dass sie weiterhin in Kleinkriminalität verwickelt waren, da sie in eine Stadt zogen, in der Joe großen Einfluss und lukrative Nebengeschäfte hatte.

So kam es, dass Joe Bonanno, der dienstälteste der ursprünglichen Five-Family-Bosse, in Ungnade aus der Mafia entfernt wurde, deren Struktur er in den 1930er Jahren mit aufgebaut hatte. Er war ein Mann, der einige der größten Mafiakriege der Geschichte miterlebte – und überlebte. Er hatte sein Geld während der amerikanischen Prohibition verdient. Als diese nicht mehr profitabel war, half er dabei, eine neue Ära des Rauschgifts einzuleiten, die Amerikas Straßen mit illegalen Drogen überschwemmte, welche von La Cosa Nostra kontrolliert wurden. Es versteht sich von selbst, dass dies das Ende einer Ära war. Am Ende waren es seine Kühnheit, seine Gier und sein Größenwahn, die ihn zu Fall brachten. Er hatte das Glück, die Mafia lebend zu verlassen, doch sein Vermächtnis wurde für immer beschmutzt – vor allem, nachdem er sich entschlossen hatte, ein vermeintliches Enthüllungsbuch über seine Erfahrungen zu schreiben. Dieses war voller Lügen, Ausschmückungen und Übertreibungen, um sein Vermächtnis zu stützen und sein Ego zu streicheln. Doch für einen Boss war es immer noch ein Tabu, zuzugeben, Teil der geheimnisvollen Mafiaorganisation gewesen zu sein, von der er profitiert hatte, und die Geheimnisse anderer Mafiosi zu verraten.

Bis heute ist die Familie, die er einst anführte, unter seinem Namen bekannt – ein Beweis dafür, welche Spuren er in der Unterwelt von New York, Montreal, Kalifornien und anderswo hinterlassen hat. Das Zeitalter von Joe Bananas war in den 1970er Jahren bereits vorbei.

Die 1960er Jahre endeten also technisch gesehen in einem Zustand des Friedens, wenngleich der Familie ein erheblicher und vermutlich irreparabler Schaden zugefügt wurde. Es gab immer noch Spannungen zwischen den verschiedenen Fraktionen und die Bonannos hatten durch die Kommission ihre Macht verloren. Sie waren Ausgestoßene und wussten, dass es Jahre, vielleicht sogar Jahrzehnte dauern würde, bis sie wieder in der Gunst des nationalen Verbrechersyndikats stünden. Die einst angesehene Bonanno-Familie hatte jetzt eine fragwürdige Führung, und es gab mehr als einen Macher, der glaubte, er hätte es verdient, die Show zu leiten. Der „Banana Split"-Krieg war vorbei, aber es sollte nicht das letzte Mal sein, dass die Familie versuchte, sich selbst zu zerfleischen. Die kommenden Jahrzehnte hielten mehr als eine Tragödie für sie bereit. Die Bonannos würden nie wieder zu ihren glorreichen Tagen zurückkehren.

KAPITEL 6

PHILIP RASTELLI UND DER BÜRGERKRIEG

Kurzfristige Chefs. Hinterhältige Handlungen. Bürgerkriege. Ratten, Informanten und Abhöraktionen. Joe Bananas hatte eine Zukunft. Die Bonanno-Familie hatte eine Zukunft, die er hinter sich ließ, als er seine Tage im sonnigen Tucson verbrachte. Er musste sich nie mit den Folgen seiner Taten auseinandersetzen. Es wurden verzweifelte Versuche unternommen, die Familie wieder zu vereinen und an die Bonannos der 1950er Jahre zu erinnern, aber ohne Erfolg. Die Situation verschlechterte sich jedes Jahr mehr, und kein neuer Chef konnte lange genug bleiben, um für Stabilität zu sorgen. Es gab immer noch viel böses Blut aus dem „Banana Split", und Leute wie Carmine Galante, Sonny Black und ein gewisser Donnie Brasco gossen immer wieder Öl ins Feuer.

Der Renegat

Nach dem Krieg versuchte Paul Sciacca, der neue, von der Kommission unterstützte Boss, alte Wunden zu heilen. Er streckte den Olivenzweig aus, indem er Mitglieder der verschiedenen Bonanno-Fraktionen in Machtpositionen beförderte, um die streitenden Gangster zu besänftigen. Natale Evola war de facto der Boss der Fraktion. Diese unterstützte Joe und Bill Bonanno. Evola wurde zu Sciaccas Unterboss. Evola, ebenfalls ein Mafioso mit Castellammarese-Abstammung, war einer von Bonannos Drogenfahndern. Er arbeitete eng mit dem unberechenbaren Carmine Galante zusammen und war kürzlich aus dem Gefängnis entlassen worden. 1959 war er wegen Drogenschmuggels zu zehn Jahren Haft verurteilt worden. Philip „Rusty" Rastelli, ein etwas jüngerer und einflussreicherer Mafioso, dessen Loyalität zweideutiger war, wurde Sciaccas Consigliere. Rastelli hatte sich unter den jüngeren Mafiosi sowie den Mitgliedern der verschiedenen Bonanno-Crews eine solide Machtbasis aufgebaut.

Sciacca leistete bewundernswerte Arbeit bei dem Versuch, die kaputte Familie zu reparieren, aber seine Bemühungen waren letztlich vergeblich. Außerdem blieb ihm als Chef nicht mehr viel Zeit, um etwas zu bewirken. Im Jahr 1970 wäre Sciacca erst 61 Jahre alt geworden, doch seine Gesundheit hatte sich bereits verschlechtert, was durch den zusätzlichen Stress als eilig eingesetzter Boss einer zerbröckelnden Mafiastruktur nicht gerade begünstigt wurde. Zudem wurde gegen ihn wegen schwerer Verbrechen im Zusammenhang mit dem Heroinhandel ermittelt. Ende 1970 war er tatsächlich als Boss zurückgetreten, den Titel behielt er jedoch offenbar. In der ersten Hälfte des Jahres 1971 wurde er schließlich wegen Drogenvergehen angeklagt und seine Zeit als Boss war offiziell beendet. Die Anklage wurde fallengelassen, aber er war bereits von Natale Evola, von seinen Freunden „Joe Diamond" genannt, abgelöst worden. Was Sciacca nach seiner Anklage und seinem endgültigen Freispruch tat, ist nur wenig bekannt, aber es ist wahrscheinlich, dass er sich zurückzog oder zumindest in den Hintergrund der Familie trat und keine aktive Rolle mehr spielte. Er starb im Jahr 1986.

Evola war eine logische Wahl für Sciaccas Nachfolge. Er war ein weiterer alter Hase, der die glorreichen Zeiten der kleinen, aber feinen Bonanno-Familie miterlebt hatte. Zudem war er seit den Anfängen der Mafia ein enger Partner von Joe Bonanno. Er gehörte auch zu den Mitarbeitern, die Joe zu dem Treffen in Apalachin mitbrachte (das Treffen, bei dem Joe sich weigerte zuzugeben, dass er daran teilgenommen hatte). Evola hatte auch eine gute Arbeitsbeziehung zu Vito Genovese und Carlo Gambino, zwei anderen Bossen in New York. Bereits in den frühen 1930er Jahren, als die Familie gerade erst gegründet wurde, unterrichtete Joe Evola, fuhr ihn herum und übernahm sogar den Sicherheitsdienst für seine Hochzeit im Jahr 1931.

Nach Mafia-Maßstäben war er allerdings ein komischer Kauz. Er war nie verheiratet und die meisten Anzeichen deuten darauf hin, dass er die meiste Zeit seines Lebens bei seiner Mutter lebte. Während die meisten seiner Zeitgenossen dafür bekannt waren, große Familien zu haben, war Joe Diamond nur seiner Mutter, seinen drei Schwestern und der Bonanno-Familie verpflichtet, der er schon als junger Mann angehörte. Das machte ihn vielleicht zu einer klugen Wahl als Boss – einer der Hauptgründe, warum Mafiosi dazu neigten, auszusteigen, war die Angst vor dem Verlust ihres Einkommens, das sie für den Unterhalt ihrer Familien brauchten (Mafiafrauen arbeiteten normalerweise nicht). Selbst wenn Evola untergehen würde, wäre es wenigstens kein Mann mit Frau und Kindern. Auf jeden Fall war Evolas Amtszeit als Chef nur kurz – im Sommer 1973 starb er an Krebs.

Der Nächste in der Reihe war Philip „Rusty" Rastelli, Sciaccas ehemaliger Consigliere. Vielleicht in der Hoffnung, dass Rastelli ein dauerhafterer Chef sein würde als die anderen, setzte die Kommission im Februar 1974 ein Treffen im Americana Hotel in Manhattan an der Seventh Avenue in Midtown an und erklärte Rastelli offiziell zu ihrem neuen Chef. Diese Bestätigung war ein Segen für den neuen Chef, doch die Familie, die er leiten sollte, war immer noch zerstritten, eine scheinbar hilflose, verherrlichte Mannschaft, die nicht einmal von der Kommission voll unterstützt wurde. Rastelli bedeutete auch einen Bruch mit der Tradition der Bonanno-Familie. Er war der erste Angestellte, der nicht aus der Brooklyn-Fraktion stammte und zum Boss ernannt wurde. Das sorgte bei den Castellammarese-Mafiosi, die normalerweise aus Brooklyn stammten, für Unmut. Rastelli hatte jedoch auch viele Unterstützer neben der Kommission. Er war seit Langem eng mit Dominick „Sonny Black" Napolitano verbündet, einem Capo der Bonannos. Napolitano sollte bald zu einer wichtigen Figur in der Geschichte der Familie werden und blieb Rastelli auch in den schwierigen Zeiten, die vor ihm lagen, als einer der größten Unterstützer und Loyalisten treu.

Zwar war Rastelli ein altgedienter Chef – zumindest im Vergleich zu Sciacca und Evola –, aber er war nicht mehr lange ein freier Mann. Jahrelang hatte er einen falschen „Berufsverband" für Foodtruck-Fahrer und Imbisswagen in New York City betrieben. Dabei erpresste er von den Fahrern Mitgliedsbeiträge für „Schutz" und drohte denjenigen, die sich weigerten, beizutreten, mit körperlicher Gewalt, Zerstörung von Eigentum oder sogar dem Tod. Fast ein Jahrzehnt lang profitierte er von diesem Betrug, bis die Fahrer und Arbeiter genug hatten und sich an die NYPD und das FBI wandten. 1975 wurde Rastelli wegen Erpressung und Schutzgelderpressung im Zusammenhang mit den Food Trucks angeklagt und im April 1976 zu insgesamt 14 Jahren Haft verurteilt, unter anderem wegen Kredithai-Betrugs (auch „Shylocking" genannt – eine Anspielung auf William Shakespeares Figur Shylock, der ein räuberisches Geldverleihgeschäft betrieb).

Schon bevor Rastelli wegging, sahen seine Rivalen ihn als schwachen Anführer an, obwohl er den Segen der Kommission hatte und von verschiedenen mächtigen Elementen der zugegebenermaßen geschwächten Familie unterstützt wurde. Ein gefährlicher, abtrünniger Mafioso namens Carmine Galante trat auf den Plan und begann, ihm ernsthafte Probleme zu bereiten. Galante, den Scarpo (2014) als „geistigen Dummkopf mit niedrigem IQ" beschreibt, war ein langjähriger Berater von Joe Bonanno. Er hatte ihm dabei geholfen, den berühmten Palermo-Deal von 1957 zu arrangieren, und diente ihm außerdem als wichtiger Vollstrecker in Montreal. Nach mehreren Anklagen wegen Drogenhandels in den 1950er und 1960er Jahren wurde Galante 1974 auf Bewährung entlassen – genau zu dem Zeitpunkt, als Rastelli ins Gefängnis kommen sollte. Galante war Berichten zufolge ein alter Freund von Rastelli und die beiden verstanden sich während der Ära von Joe Bonanno gut, doch ohne den starken Einfluss von Don Peppino wollte Galante seinen eigenen Weg gehen. Unter Rastellis Führung begann Galante mithilfe seiner weitreichenden Verbindungen in Kanada, grenzüberschreitende Drogengeschäfte zu machen – ohne den Segen oder auch nur das Wissen seiner Vorgesetzten in New York. Noch schlimmer:

Nachdem Rastelli eingesperrt worden war, unternahm Galante einen dreisten und nicht genehmigten Versuch, die volle Kontrolle über die Bonanno-Familie zu übernehmen.

Carmine Galante war als labil, aggressiv und äußerst gewalttätig bekannt. Außerdem war er ein äußerst kleinlicher Mann. Eine seiner ersten Amtshandlungen nach der Entlassung aus dem Gefängnis war die Anbringung einer Bombe am Mausoleum, in dem Frank Costello, ein ehemaliger Mann der Genovese-Familie, begraben war. Die Explosion verursachte erhebliche Schäden an Costellos Ruhestätte – und bewirkte genau gar nichts. Nachdem Galante die Kontrolle über die Familie übernommen hatte, verursachte er in kurzer Zeit eine Vielzahl von Problemen. Seit den 1950er Jahren glaubten viele, dass Galante den Drogenhandel für sich allein haben wollte und nach seiner Machtergreifung hatte er endlich die Mittel dazu. Er begann, andere Mafiosi, die versuchten, aus dem Heroinhandel Profit zu schlagen, unter Druck zu setzen. Er führte sogar einen kleinen Krieg mit der Gambino-Familie, indem er die Ermordung von etwa zehn ihrer Mitglieder anordnete. Er machte klar, dass sein Ziel ein vollständiges Monopol über die Drogengeschäfte der Mafia war und dass er keinerlei Einmischung dulden würde.

Carmine Galante, der für seine lästige Angewohnheit bekannt war, riesige Zigarren zu rauchen, wurde schnell zum meistgehassten Mafioso in New York City – vielleicht sogar im ganzen Land. Die Gambinos hassten ihn für seine Habgier und Gewalttätigkeit. Aber auch die Genoveses und die Mitglieder seiner eigenen Familie verachteten ihn, vor allem diejenigen, die dem inhaftierten Rastelli noch immer die Treue hielten. Dazu zählten die Capos Sonny Black

Napolitano und Joe Massino. Frank Tieri, der aktuelle Boss der Genovese-Familie, wandte sich als Erster von mehreren Machern an andere Kommissionsmitglieder, um einen Anschlag auf den abtrünnigen Galante zu genehmigen. Er befürchtete, dass Galante unsägliches Unheil über die New Yorker Mafiastrukturen bringen würde. Während es seiner Meinung nach eine Sache war, dass sich die Bonannos selbst zerfleischten, sah er in Galante eine Bedrohung für alle um ihn herum. Selbst der pensionierte Joe Bonanno in Arizona wurde wegen Galante kontaktiert, denn die beiden standen sich seit Jahrzehnten sehr nahe. Da Bonanno wohl erkannte, dass man einen Psychopathen wie Galante nicht zur Vernunft bringen konnte, willigte er ein und gab seinen Segen für den Anschlag. Schon bald war sich die gesamte Kommission einig: Galante musste weg. Im Sommer 1979 spazierten drei maskierte Bewaffnete lässig auf die vordere Terrasse des Restaurants „Joe and Mary's" in Brooklyn, wo Galante mit einigen Leuten aus seiner Crew zu Mittag aß. Die Männer schossen mit ihren Schrotflinten auf Galante und zwei seiner Tischnachbarn, bevor sie den Tatort verließen. Die Polizei fand den abtrünnigen Boss tot neben seinem Tisch. Sein Blut floss in ein nahegelegenes Gitter und er hielt noch eine glimmende Zigarre zwischen den Zähnen.

Rot vs. Schwarz

Galante war weg, und die Bonanno-Familie hoffte, dass dies endlich eine neue Ära des Friedens einläuten würde. Doch es sollte nicht so sein. Rastellis Führung stand vor einer weiteren Krise, und die Familie spaltete sich erneut in zwei Fraktionen auf. Die eine Seite bestand aus denjenigen, die den Anspruch des inhaftierten Rastelli auf den Chefposten immer noch unterstützten. Sie wurde von dem berüchtigten Capo Dominick „Sonny Black" Napolitano angeführt. Seinen Spitznamen verdankt er einem humorvollen Umstand: Im Gegensatz zu den meisten Menschen italienischer Abstammung, die in der Regel von tiefschwarzem oder zumindest dunkelbraunem Haar waren, hatte Napolitano blonde Haare. Außerdem wurde er schon sehr früh grau. Weil er sich dessen nicht bewusst war, färbte er sich die Haare so schwarz wie möglich, um es seinen jüngeren Kollegen gleichzutun. Die andere Fraktion bestand aus denjenigen, die Rastelli aufgeben und die Führung der Familie stattdessen einem gegnerischen Capo namens Alphonse Indelicato, auch bekannt als „Sonny Red", übergeben wollten. Wie Indelicato zu seinem Spitznamen kam, ist nicht ganz klar, aber er war dafür bekannt, dass er fast immer ein Paar knallrote Cowboystiefel trug, die er speziell anfertigen ließ. Beide Sonnys waren hochrangige Mitglieder der Familie und Sonny Red wurde von anderen mächtigen Caporegimes unterstützt, darunter Dominick „Big Trin" Trinchera und Phil Giaccone, der ein früher Schützling von John Bonventre war – einem Onkel von Joe Bonanno aus dem Bonventre-Zweig der Castellammarese-Familie.

Sonny Black leitete hingegen die wohl prestigeträchtigste Crew der gesamten Bonanno-Familie. Sie bestand aus Soldaten wie Benjamin „Lefty" Ruggiero (der auch liebevoll den Spitznamen „Horse Cock" trug), Nicky Santora, John Zancocchio (der später der Consigliere der Bonannos wurde) und den Lino-Brüdern. Sonny Black wurde außerdem von starken Capos wie Joe Massino und Gerlando „George aus Kanada" Sciascia unterstützt. Joe Massino war einer von Rastellis wichtigsten Unterstützern, weshalb viele glauben, dass

Sonny Black in Wirklichkeit die Befehle von ihm entgegennahm. Wie auch immer, die beiden waren vereint gegen Sonny Red Indelicato und seine überwiegend sizilianische Fraktion.) Der Haupttreffpunkt der Sonny-Black-Crew war die Motion Lounge, ein protziger Nachtclub, der Napolitano gehörte. Er befand sich in der Graham Avenue im traditionellen Castellammarese-Viertel von Brooklyn, obwohl Napolitano seine Wurzeln in Neapel und nicht in Sizilien hatte (was bei seinem Nachnamen nicht überrascht). Sonny Black und seine Leute hingen so oft im Motion ab, dass es de facto ihr Hauptquartier wurde und sie den Spitznamen „Motion Lounge Crew" erhielten.

Sonny Black war nicht nur ein angesehener Mann, sondern führte auch die mit Abstand profitabelste Crew der Familie. Lefty Ruggiero gehörte zu den Spitzenverdienern der Bonannos und war nicht nur in Brooklyn, sondern in ganz New York City bekannt. Williamsburg war in den späten 70er und 80er Jahren fest in Sonny Blacks Hand, vor allem die Graham Avenue. Die Motion Lounge war einer von nur zwei Clubs, die Napolitano gehörten; der andere lag direkt gegenüber. Von ihrem Hauptquartier aus mischte die Bande in allen erdenklichen kriminellen Geschäften mit, vom kleinen Buchmacher über den internationalen Drogenschmuggel bis hin zu großen Kasinooperationen. Genau wie Joe Bonanno dehnte auch Napolitano seinen Einfluss weit über den Staat hinaus aus. Da er das warme Wetter liebte, verzweigte er sich nach Florida, wo er eine enge Beziehung zur Trafficante-Familie einging, die hauptsächlich in der Tampa Bay operierte. Er besaß mehrere Unternehmen in der Gegend um Tampa an der zentralen Westküste Floridas, insbesondere in Pasco County. Einer seiner größten Geldbringer war ein unterirdisches Kasino und später gehörte ihm das „King's Court", ein Nachtclub mit Strandthema, den er mit Hilfe einiger seiner Soldaten und Partner, darunter auch ein gewisser Donnie Brasco, betrieb. Die Trafficante-Familie war auch in Kuba aktiv und half der Napolitano-Crew dabei, dort Fuß zu fassen. Seit der kubanischen Revolution von 1959 waren die mafiösen Aktivitäten auf der Insel allerdings stark eingeschränkt und sie war nicht mehr der karibische Goldesel, der sie einst gewesen war.

Ende der 70er und Anfang der 80er Jahre nahmen die Spannungen zwischen Sonny Red und Sonny Black weiter zu. Dann, im Jahr 1981, geschah etwas, das sofortiges Handeln erforderte. Sonny Black und Joe Massino erfuhren aus zuverlässigen Quellen, dass Sonny Red und seine Fraktion einen großen Vorrat an Waffen gehortet hatten, darunter automatische Gewehre und eine große Menge Munition. Welche Absichten sie verfolgten, war offensichtlich, und Sonny Black hatte das schon lange vermutet. Die Red Crew rüstete sich und bereitete sich auf einen totalen Krieg gegen den Rest der Familie vor. Sie planten, Napolitano, Massino und alle verbliebenen Unterstützer des inhaftierten Rusty Rastelli auszuschalten, um die volle Kontrolle über die Bonanno-Familie an sich zu reißen. Das durfte natürlich nicht passieren, denn ein weiterer großer Krieg hätte den Untergang der ohnehin schon in Ungnade gefallenen Familie bedeutet. Mit dieser Information setzten sich Napolitano und Massino schnell mit den Bossen der anderen fünf Familien in Verbindung und baten um die Erlaubnis, einen Anschlag auf die drei rebellischen Capos Sonny Red, Big Trin und Phil Giaccone zu organisieren. Offenbar hatte die Kommission die beiden Captains angewiesen, erst dann einzugreifen, wenn es absolut notwendig war, um unnötiges Blutvergießen zu vermeiden. Colombo-Boss Carmine Persico und Gambino-Boss Paul Castellano sagten ihnen jedoch im Vertrauen, dass sie sich in dieser Situation verteidigen müssten, um Rastellis Autorität zu schützen. Sie sicherten ihnen ihre Unterstützung zu.

Im Mai 1981 wurde Sonny Red von der Schwarzen Fraktion kontaktiert und gebeten, sich zusammenzusetzen, um ihre Probleme zu besprechen. Dabei gaben beide Seiten zu, dass die Kommission keinen weiteren Krieg wollte. Beide Seiten räumten ein, dass die Kommission keinen weiteren Krieg wollte. Sie bestanden jedoch darauf, dass alle drei führenden Capos anwesend waren, um sicherzustellen, dass sie alle auf derselben Seite standen und keiner von ihnen abtrünnig wurde. In Wirklichkeit brauchten Sonny Black und Massino sie jedoch, um sie mit einem Schlag aus dem Weg räumen zu können. Die drei rebellischen Capos stimmten dem Treffen zu, das am 5. Mai im Nachtclub 20/20 in Clinton Hill, Brooklyn, stattfinden sollte. Die Schwarze Fraktion bezog überraschend viele Mafiosi und Partner in den Plan ein und es grenzte an ein Wunder, dass die Rote Fraktion nie davon erfuhr. Sie ahnten jedoch, dass ein Verrat möglich war, und machten den anderen Fraktionsmitgliedern klar, dass sie im Falle des „Verschwindens" der drei Capos für tot gehalten werden und sich so heftig wie möglich rächen sollten.

Um Unterstützung zu erhalten, wandten sich die Schwarze Fraktion und Massino an ihre Kontakte bei der kanadischen Fraktion in Montreal. Drei Männer der Familie Cotroni machten sich schnell auf den Weg nach New York, um bei der Planung und

Ausführung der Morde zu helfen. Unter ihnen war der spätere berüchtigte Mafia-Boss Vito Rizzuto, der Sohn von Nicolo Rizzuto. Zu dieser Zeit war Rizzuto ein aufstrebender Star in der Montrealer Mafia. Die Cotronis waren jedoch gerade in einen tödlichen Bürgerkrieg zwischen der kalabrischen und der sizilianischen Fraktion verwickelt, wobei Rizzuto die letztere anführte. Vito hatte weitreichende Verbindungen in die ganze Welt, unter anderem zur Cuntrera-Caruana-Familie in Sizilien und zu den Drogenkartellen in Südamerika – vor allem in Venezuela, wo er sich später mit seiner Familie niederlassen sollte. Außerdem hatte er Verbindungen zur Motorradgang „Hell's Angels". Er war ein gut vernetzter Mann, dem es nichts ausmachte, seinen New Yorker Kollegen einen Gefallen zu tun, wenn es seinem eigenen Machtstreben in Montreal diente. Mit Hilfe ihres Verbindungsmanns Gerlando Sciascia brachte Rizzuto auch seinen Partner Emanuele Ragusa und einen weiteren Montrealer, der bis heute unbekannt ist, mit. So gewann Rizzuto die volle Unterstützung der Bonannos. Als der Bürgerkrieg Mitte der 1980er Jahre beendet war, wurde Vito der wichtigste Mafiaboss in Kanada.

In der Nacht des 5. Dezembers kamen Sonny Red und die beiden anderen Capos völlig unbewaffnet im 20/20 an. Sie traten ein und wurden von Massino, Sciascia und drei weiteren Mafiosi aus der Rastelli-Loyalisten-Fraktion begrüßt. Sie begrüßten sie, doch die drei Capos hatten nicht einmal die Gelegenheit, sich zu setzen. Plötzlich stürmten vier Männer, die sich versteckt gehalten hatten, mit geladenen Schrotflinten und automatischen Gewehren aus einigen Schränken in der Nähe. Es waren Vito Rizzuto, die beiden anderen Kanadier und Salvatore Vitale, ein Verwandter von

Massino. Die drei Capos wurden zunächst von Rastellis Bande tätlich angegriffen und verprügelt, bevor sie schließlich im Stil einer Gangsterbande durch ein Sperrfeuer hingerichtet wurden. Frank Lino, der ursprünglich die Rote Fraktion unterstützt hatte, war ebenfalls anwesend und diente als „Leibwächter" für die drei Capos, machte seinen Job jedoch schlecht. Anstatt seine Waffe zu ziehen und Vergeltung zu üben, floh er, sobald die Kämpfe begannen. Nachdem die Capos tot waren, verließen alle außer Massino und Vitale schnell den Schauplatz. Vito und seine Leute kehrten eilig nach Kanada zurück. Dieser Überfall sollte den Don aus Montreal später noch einmal verfolgen. Massino und Vitale brachten die Leichen anschließend schnell zu einem großen, leeren Grundstück im Stadtteil Queens, das von der Gambino-Familie häufig als Begräbnisstätte genutzt wurde. Der zukünftige Boss John Gotti, damals ein Capo der Gambino-Familie, der von dem bevorstehenden Überfall wusste, sorgte dafür, dass sich einige Mitglieder seiner Crew um die Leichen kümmerten – als persönlichen Gefallen für Massino und Sonny Black. Die beiden Rastelli-Capos hatten nun ihre größte Bedrohung ausgeschaltet. Sie wussten jedoch nicht, dass im Schatten ihrer eigenen Bande eine noch viel schlimmere Gefahr lauerte.

Donnie Brasco

Seit den 1960er Jahren suchten die Bundesregierung und die Landesregierungen in New York nach neuen, innovativen Wegen, um die Aktivitäten der Mafia im Staat und im Land zu stören. Zu den einfachsten Strategien gehörten das Anbringen von Überwachungsgeräten in bekannten Verstecken der Mafia und die

Androhung harter Gefängnisstrafen für Mafiosi und ihre Komplizen, sofern sie sich weigerten, ihre Mafiakameraden zu verraten. Die letztgenannte Option erwies sich insbesondere gegen Mafiosi, die im Drogengeschäft aktiv waren, als besonders effektiv. Einerseits zogen Rauschgiftdelikte viel härtere Strafen nach sich, als sie es gewohnt waren, andererseits neigten Mafiosi, die mit Drogen handelten, dazu, ihre eigenen Produkte zu probieren. Besonders bei Drogen wie Heroin und Kokain wurden die Betroffenen in der Regel paranoid, unberechenbar, unnötig misstrauisch und am Ende pleite. All diese Faktoren machten sie sehr gefügig. Um ihr eigenes Leben und das ihrer Familie zu retten, waren sie bereit, mit dem FBI zu verhandeln. Das FBI drohte ihnen mit einer Haftstrafe von 20 Jahren oder mehr.

In den 1970er Jahren änderte sich diese Dynamik auf wichtige Weise. Die Strafverfolgungsbehörden versuchten nun, einige ihrer eigenen Agenten in die Mafia-Strukturen einzuschleusen. Ihr Ziel war es, Berichte aus erster Hand aus dem Inneren der Mafia zu erhalten. Das war eine kühne Strategie, die monatelange Planung erforderte und für die Agenten, die bereit waren, möglicherweise Jahre ihres Lebens zu opfern, mehr als nur ein Risiko darstellte. Doch sie versprach auch, ihre Karrieren enorm voranzutreiben. Jeder FBI-Agent hätte gerne eine ganze Mafia-Familie zum Narren gehalten. Der langjährige FBI-Direktor J. Edgar Hoover war jedoch strikt dagegen, seine eigenen Leute in die Mafia einzuschleusen, da er überzeugt war, dass sie korrupt werden würden, wenn sie die obszönen Mengen an leicht verdientem Geld sähen. Doch 1972 starb Hoover und es eröffneten sich neue Möglichkeiten. 1976 meldete sich jemand, der das Zeug dazu hatte, die Sache durchzuziehen. Joseph Dominick Pistone war sein Name. Er war seit 1969 FBI-Agent und bereits für seine hervorragende Undercover-Arbeit bekannt.

Es gab eine Reihe von Faktoren, die ihn für den Job prädestinierten. Er hatte verlässliche sizilianische Vorfahren, sprach recht gut Italienisch – die meisten Mafiosi sprachen schon seit Jahrzehnten nicht mehr fließend Italienisch, aber es war immer noch ein bemerkenswerter Vorteil für die Authentizität – und er hatte den größten Teil seiner Jugend in einer Region von New Jersey verbracht, die für ihre bedeutende Mafia-Präsenz bekannt war. Paterson, wo er aufwuchs, lag nördlich von Newark und Elizabeth. Dort dominierte die DeCavalcante-Familie. Daher wuchs er mit Mafiosi auf und konnte ihr Verhalten und ihre Eigenheiten leicht imitieren. Außerdem sah er auch so aus wie sie. Er konnte leicht als "Verbindungsmann" durchgehen, wenn er ein paar nette Anzüge, schicke Schuhe und eine Hochsteckfrisur trug. Das FBI akzeptierte Pistone für den Auftrag und er machte sich an die Arbeit, um sich bei der Mafia einzuschleusen und einzuschmeicheln. Die ursprüngliche Absicht war, die Colombo-Familie zu infiltrieren. Doch schon bald erkannten Pistone und das FBI, dass die zerrütteten Bonannos das leichtere Ziel sein würden. Deshalb verlegten sie ihre Bemühungen auf die Familie von Rastelli.

Die Ausarbeitung der Hintergrundgeschichte von Donnie Brasco war an sich schon eine monatelange Angelegenheit. Das FBI musste eine überzeugende Geschichte erstellen, da die Mafia dazu neigt, die Hintergründe potenzieller Partner zu erforschen. Es war von entscheidender Bedeutung, dass sie Brasco genauestens studierten, um seine Herkunft, seine Eltern, seine Wurzeln in der alten Heimat, seinen Beruf, seinen kriminellen Hintergrund und seine Freunde zu ermitteln. Unabhängig von den Details musste Brasco ein relativ unbekannter Charakter sein, denn er konnte sich nicht erklären, warum keiner der Macher vor Beginn der Operation von ihm gehört hatte. Es wurde der Beschluss gefasst, Donnie sollte Juwelenschätzer und kleiner Juwelendieb werden. Sie gaben ihm sogar einen Spitznamen: Don the Jeweler. Zum Unglück von Pistones Familie musste er nicht nur die New Yorker Mafiosi austricksen. Der Mann, der als „Joseph Pistone" bekannt war, musste verschwinden. Alle Aufzeichnungen über seine Beschäftigung beim FBI wurden gelöscht und alle Referenzen sowie Fotos von ihm vernichtet. Jeglicher Kontakt zu seinen Freunden musste abrupt abgebrochen werden und nur noch eingeschränkter Kontakt zu seiner eigenen Frau und seinen Kindern konnte aufrechterhalten werden. Seine Frau durfte nicht einmal wissen, was er tat, sondern nur, dass er etwas für eine wichtige Untersuchung tat. Er konnte nur selten nach Hause zurückkehren, damit nicht eines Tages jemand beschloss, ihn zu beschatten und seine wahre Adresse sowie seine familiären Verbindungen zu entdecken. Das hätte nicht nur ihn und seine Mission, sondern auch seine ganze Familie gefährdet. Sollte sich jemand aus seinem Umfeld beim FBI melden und nach ihm fragen, sollte rundheraus geleugnet werden, dass ein Mann namens Joe Pistone jemals für das FBI gearbeitet hat. Seine Kollegen wurden angewiesen, zu lügen und zu behaupten, sie hätten noch nie von jemandem mit diesem Namen gehört.

Der minimale Kontakt zu seiner Familie war vielleicht noch erträglich, wenn man bedenkt, dass die Mission nur sechs Monate dauern sollte. Leider überzeugte der Erfolg der Mission sowohl Pistone als auch das FBI, sodass sie auf unbestimmte Zeit verlängert werden musste. Insgesamt dauerte die Mission sechs lange Jahre und forderte natürlich auch einen hohen Tribut in Pistones Privatleben. Nach monatelanger Planung begann die Operation im Sommer 1976: Das FBI hatte im Vorfeld einen gewissen Ruf für Donnie aufgebaut und so hatten einige der Colombos bereits von „Don the Jeweler" gehört, als er auf die Straße ging. Einige kamen zu ihm, um Edelsteine zu verkaufen und um Tipps für Juwelendiebstähle zu erhalten. Am Ende kam er der Greca-Crew der Colombos näher, entwickelte aber eine engere Beziehung zu Anthony Mirra, einem Capo der Bonanno-Familie. Mirra war es eigentlich, der ihn der Familie vorstellte. Brasco entwickelte jedoch eine viel engere Beziehung zu Lefty Ruggiero, einem der Soldaten und prominenten Vollstrecker in Sonny Black Napolitanos Crew. Donnie begann, mit Lefty kleine Geschäfte zu machen, und es gelang ihm, das volle Vertrauen des Soldaten und von Sonny Black zu gewinnen. Ein anderer Capo namens Joe Massino schien jedoch immer ein tiefes Misstrauen gegenüber Donnie zu hegen. Trotz der monatelangen Planung der Brasco-Geschichte war Massino sehr misstrauisch, dass Donnie wie aus dem Nichts in Brooklyn aufgetaucht war.

Brasco spielte seine Rolle weiterhin bewundernswert. Aufgrund seines Engagements knüpfte er Verbindungen zur Mafia in so weit entfernten Gegenden wie Wisconsin (insbesondere Milwaukee) und Florida. In Tampa trug er entscheidend dazu bei, dass Sonny Black in die Nachtclubszene eindringen konnte und half, den King's Court Bottle Club zu betreiben. Er war aber auch in New York präsent und trug immer geheime Aufnahmegeräte an seiner Brust oder in seinen Stiefeln versteckt. In der Zwischenzeit verbrachte ein FBI-Team schlaflose Nächte damit, alles zu analysieren, was Brasco mithören konnte. Brasco spielte auch während des Konflikts zwischen Rot und Schwarz eine Rolle. Er verstand es jedoch geschickt, sich das volle Vertrauen von Lefty und Sonny zu bewahren, ohne jemanden ermorden zu müssen. Das wäre nämlich ein Grund gewesen, die Ermittlungen zu beenden. Undercover-Agenten hatten einen gewissen Spielraum, was sie tun konnten, um Vertrauen zu gewinnen. Ein Bundesagent, der einen Mord begeht, war jedoch völlig indiskutabel. Damit war jedoch bald Schluss – nachdem Indelicato und die anderen Capos ermordet worden waren, hatte Sonny Black eine neue Aufgabe für Donnie.

Bruno Indelicato, der Sohn des verstorbenen Sonny Red, war vorgewarnt worden, dass sein Vater und seine Partner entweder bei dem Treffen bei 20/20 oder kurz danach geschnappt werden könnten. Er hatte die klare Anweisung erhalten, davon auszugehen, dass Sonny Black ihn ausgeschaltet hatte, falls Sonny Red jemals verschwinden würde. Da Bruno wusste, dass sein Vater nicht vorhatte, auf die Flucht zu gehen – und selbst wenn, hätte er es ihm gesagt –, erkannte er sofort, was passiert war, und schwor Rache an den Getreuen der Familie Rastelli. Napolitano und Massino konnten nicht riskieren, dass sich eine neue Oppositionsgruppe um Bruno bildete, also mussten sie schnell handeln. Trotz Massinos Misstrauen gegenüber dem geheimnisvollen Mitarbeiter gab Napolitano den Auftrag an Donnie Brasco. Das war auch Teil einer größeren Strategie von Sonny Black: Er hatte geplant, Donnie zu sponsern, damit dieser sofort nach Rastellis Entlassung aus dem

Gefängnis ein „made guy" wird. Dafür würde Donnie jedoch viel mehr Glaubwürdigkeit benötigen. Er müsste sich „einen Namen machen", d. h. im Namen der Bonanno-Familie ein aufsehenerregendes Attentat begehen. Bruno war ein perfektes Ziel. Der jüngere Indelicato wusste offenbar sofort, dass sein Leben in Gefahr war, denn er verschwand kurz nach Sonny Reds Verschwinden aus New York City.

Die meisten in der Familie vermuteten, dass Bruno nach Florida geflohen war, wo er und sein Vater einige Verbindungen hatten. Nach einem Treffen in der Motion Lounge erteilte Sonny Black Donnie offiziell den Auftrag, Bruno zu jagen und zu ermorden. Das wäre ein Riesengeschäft gewesen. Lefty Ruggiero vertraute Donnie später an: „Ich bin wirklich froh, dass er dich Bruno beschneiden lässt. Denn es wird in den Augen der Bosse gut aussehen, dass du etwas getan hast. Es ist ein guter Vertrag." Die einzige Antwort des Undercover-Mannes war: „Ja, ich bin auch glücklich, Left" (Pistone, 1989). Doch Donnie war hin- und hergerissen zwischen zwei Welten. Einerseits wäre ihm ein Platz in der Familie als gemachter Mann und Soldat sicher gewesen, was ihm eine neue Welt der Infiltration eröffnet hätte, von der das FBI vor Jahren nur träumen konnte. Andererseits hätte Donnie niemals einen Mord begehen können und selbst wenn er dazu in der Lage gewesen wäre, hätte ihn das FBI nie auch nur in die Nähe eines solchen Attentats gelassen. Zudem bedeutete die Tatsache, dass er den Auftrag erhalten hatte, wahrscheinlich, dass das FBI die Operation so schnell wie möglich beenden würde. Das Treffen mit Sonny Black wurde vollständig aufgezeichnet, doch die Technik war damals nicht immer zuverlässig. Kurz darauf traf sich Joe „Donnie Brasco"

Pistone mit Bundesagenten in einem kleinen Hotel in New Jersey, in dem sie untergebracht waren. Er erzählte ihnen alles, was Sonny Black ihm anvertraut hatte – die Informationen waren zu wertvoll, um sie mit fehlerhaften Aufnahmegeräten zu riskieren. Er berichtete von den Anschlägen auf Sonny Reds Crew und davon, dass Sonny Black neben dem inhaftierten Rusty Rastelli nun die größte Macht in der Familie besaß. Schließlich berichtete er ihnen von seiner neuen Mission in Florida, bei der er den überlebenden Sohn Bruno ausschalten sollte. Außerdem sollte er einige Drogen (Quaaludes) nach Florida transportieren, um den Markt zu testen – die kleinen Pillen waren in New York billig und er hoffte, dass die Partygänger in Tampa Bay bereit wären, viel Geld dafür zu bezahlen.

Schon vor dem Auftragsmord war Donnie in New York City ein großer Name, der Respekt verdiente. Nachdem Indelicato und seine Unterstützer verschwunden waren, war Sonny Black der wohl mächtigste Mann in der gesamten Bonanno-Familie geworden. Außerdem wusste so gut wie jeder, dass Donnie ein enger Vertrauter von ihm geworden war. Manche sagten sogar, er möge seinen Partner mehr als die meisten seiner eigenen Soldaten. Er vertraute Donnie bedingungslos und hatte große Pläne für dessen Zukunft in der Familie. Fast jeder behandelte Donnie, als wäre er bereits ein gemachter Mann, und niemand wagte es, sich mit ihm anzulegen, um nicht den Zorn des großen Mannes Sonny Black selbst zu erregen. Die anderen Soldaten und Mitarbeiter, die einst unter Indelicato standen, fügten sich und akzeptierten die neue Führung. Im neuen Zeitalter würde Donnies Loyalität reichlich belohnt werden. Für die ganze Familie sah es sogar gut aus.

Abgesehen von Bruno, der ihnen immer noch ein Dorn im Auge war, kehrten endlich Kontrolle und Stabilität in den lange geplagten Bonanno-Clan zurück. Bei einem privaten Treffen sagte Sonny Black: „Das ist das erste Mal seit über zehn Jahren, dass die Familie die Kontrolle über sich selbst hat und nicht von der Kommission kontrolliert wird" (Pistone, 1989).

Es gab jedoch noch ein weiteres Problem. Es hatte sich ziemlich schnell herumgesprochen, dass der Auftrag auf Bruno lief und Donnie Brasco ihn ausführen sollte. Selbst Bruno, wo immer er sich auch aufhielt, hatte erfahren, dass Donnie den Auftrag erhalten hatte. Dies stellte ein erhebliches Risiko für Brasco dar und das FBI wollte die Mission unbedingt beenden. Wenn der erste Agent, der die Mafia auf dieser Ebene erfolgreich infiltriert hat, in einem Bandenkrieg umgebracht wird, können sie sich von allen zukünftigen Infiltrationsmissionen verabschieden. Selbst wenn das FBI beschloss, die Strategie fortzusetzen, würde es schwer werden, Agenten zu finden, die bereit waren, den Job zu übernehmen. Pistone musste abgezogen werden. Pistone war vehement dagegen, aber da er wusste, dass Bruno, der immer noch von den Loyalisten seines Vaters unterstützt wurde, ihn höchstwahrscheinlich umbringen würde, bevor er selbst getötet würde, hatte der Agent in dieser Angelegenheit nicht viel zu sagen. Außerdem hatte die Nachricht von Indelicatos Tod erst kürzlich für Schlagzeilen in New York gesorgt, nachdem seine Leiche nur wenige Wochen nach dem Anschlag entdeckt worden war. Nun wusste jeder im Land, dass Sonny Blacks Crew den Zug gemacht hatte. Offenbar hatten die Gambino-Jungs, die John Gotti die Leichen hatte vergraben lassen, schlechte Arbeit geleistet – einige Kinder hatten auf dem leeren

Grundstück gespielt und dabei einen knallroten Cowboystiefel entdeckt, der aus dem Boden ragte. Es war Indelicato. Sie hatten ihn so oberflächlich begraben, dass man die Erde wegkicken konnte, um seine Leiche freizulegen. Die anderen waren zumindest etwas besser vergraben, sodass es noch einige Jahre dauern würde, bis sie entdeckt würden. Nach all dem Trubel beendete das FBI die Operation „Brasco" im Jahr 1981 und zog Joe Pistone ab, nachdem dieser einige der tiefsten Mafia-Geheimnisse in der Geschichte der Strafverfolgung aufgedeckt hatte.

Pistones Fall war mit Abstand der intimste, den die amerikanischen Strafverfolgungsbehörden je in die italienische Mafia hineingebracht haben. Bis heute ist dieser Fall legendär und gilt als Beispiel dafür, wie man sich in die zwielichtige Unterwelt der Mafia einschleusen kann. Pistone wurde nie zu einem „made guy", aber wenn er nicht durch Faktoren, die außerhalb seiner Kontrolle lagen, dazu gebracht worden wäre, hätte es nur noch wenige Monate gedauert, bis er diese unglaubliche Leistung vollbracht hätte. Joseph Pistone opferte Jahre seines Lebens, um die Bonanno-Familie zu Fall zu bringen. Die in diesen Jahren gesammelten Beweise führten zu einer großen Anzahl von Verurteilungen und hatten schwerwiegende Auswirkungen auf den berüchtigten Mafia-Kommissionsprozess, der nur vier Jahre später stattfand. Für seine harte Arbeit, seinen Einsatz und seine Opferbereitschaft erhielt der Bundesagent vom FBI eine Prämie von lediglich 500 Dollar.

KAPITEL 7

DAS NEUE MASSINO-REGIME

Nachdem die Mission „Donnie Brasco" abgeschlossen war, beschloss das FBI, Salz in die kollektive Wunde der Bonanno-Familie zu streuen. Sonny Black durfte nicht glauben, dass Brasco einfach verschwunden war, ohne den Auftrag an Bruno zu erfüllen. Zu diesem Zweck trafen sich die Bundesagenten Jim Kinne, Jerry Loar und Doug Fencl mit Napolitano und informierten ihn darüber, dass der Mann, den er in den späten 70er Jahren unter seine Fittiche genommen hatte, in Wirklichkeit ein Undercover-Agent gewesen war. Später wurde bekannt, dass Brasco eine erfundene Person war und die Sonny-Black-Crew gründlich unterwandert worden war. Das FBI handelte mit Bedacht: Als es diese Informationen öffentlich machte, waren Napolitano und alle, die mit Donnie in Verbindung standen, dem Untergang geweiht. Die gesamte Bonanno-Familie befand sich in ernsten Schwierigkeiten.

Die Nachwirkungen: Brasco und der Prozess gegen die Mafia-Kommission

Trotz des Aufstiegs der Sonny Black Crew nach dem erfolgreichen Indelicato-Mord hatte ihr defizitäres kollektive Urteilsvermögen der Bundesregierung über einen langen Zeitraum hinweg einen unmittelbaren, vertraulichen Zugang zu ihren Mafia-Aktivitäten ermöglicht. Selbst als ihnen mitgeteilt wurde, dass Pistone ein Informant war, was sie mit Sicherheit zum Tode verurteilt hätte, weigerten sich die Hauptakteure, als Zeugen aufzutreten, um Schutz von der Regierung zu erhalten. Sie alle entschieden sich dazu, ihr Schicksal zu akzeptieren, anstatt die Omertà zu brechen. De facto war Sonny Black nicht mehr der Boss. Es gab niemanden, der seinen Platz hätte einnehmen können, außer Joe Massino, der nach Rastelli der nächste große Mann an der Spitze war. Die wahre Identität von Donnie wurde aufgedeckt, was bei Massimo, der schon lange vermutete, dass mit Donnie etwas nicht stimmt, für große Wut sorgte. Vor dem Konflikt zwischen Red und Black waren er und Sonny Black erbitterte Rivalen. Jetzt hatte Massino einen perfekten Vorwand, um seine gesamte Crew ein für alle Mal loszuwerden.

Dominick „Sonny Black" Napolitano war der Erste, der für den Vorfall zur Rechenschaft gezogen wurde. Am 17. August 1981 wurde er zu einem von Massino angeordneten Treffen zitiert. Um zu verhindern, dass Sonny flieht, schickte Massino zwei seiner Leute, Frank Lino und Steve Canone, um ihn von zu Hause abzuholen und zu dem Treffen zu begleiten. Dieses sollte im Haus von Ron Filocomo, einem der vielen Mitarbeiter der Bonannos, stattfinden. Sonny machte sich keine Illusionen über das, was ihn erwartete – er wusste, dass er das Treffen nicht lebend verlassen würde. Nur wenige Stunden vor der Ankunft von Lino und Canone verschenkte er seinen gesamten Schmuck an einen Angestellten der Motion Lounge. Er war auch dafür bekannt, dass er Tauben auf dem Dach seiner Wohnung hielt und angeblich dafür sorgte, dass sich nach seinem Tod jemand um sie kümmerte. Als die beiden Begleiter eintrafen, stieg Napolitano wortlos in das Fahrzeug ein, vermutlich auf dem Beifahrersitz, um zu verhindern, dass er von hinten angegriffen wurde.

Kurz darauf kamen sie in Staten Island an, wo Filocomo wohnte. Die beiden begleiteten den unbewaffneten Sonny Black bis zum Haus, wo der Bonanno-Capo Frank Coppa mit offener Haustür wartete. Er tat freundlich, doch Sonnys Gesicht blieb ungerührt. So war es immer: Wenn du ein todgeweihter Mann bist, bist du normalerweise von deinen Freunden umgeben und tust so, als würden sie sich freuen, dich zu sehen. Und dann, wenn du es am wenigsten erwartest, bekommst du eine Kugel in den Hinterkopf. Sonny ließ sich nicht täuschen, aber er hatte nicht vor, sich zu wehren. Coppa war ein hochrangiges Mitglied der Bonanno-Familie, sehr aktiv an der Wall Street und bekannt für seine Pump-and-Dump-Betrügereien. Dabei verkauften seine Makler bestimmte Aktien, an denen die angeschlossenen Personen beteiligt waren, zu einem überhöhten Preis, wodurch der Kurs der Aktie in die Höhe getrieben wurde. Dann kam es zu einem massiven Ausverkauf, bei dem die beteiligten Mafiosi riesige Gewinne erzielten. Der Kurs der Aktie stürzte jedoch in den Keller, wodurch unschuldige Anleger Millionen von Dollar verloren. Für diese lukrativen Machenschaften, bei denen Coppa Pionierarbeit leistete, erhielt er 1977 den Status eines „gemachten Mannes", und zwar von keinem Geringeren als dem geisteskranken, abtrünnigen Boss Carmine Galante persönlich. Doch auch Coppa verriet die Familie, als er sich Anfang der 2000er Jahre als Kronzeuge zur Verfügung stellte, um einer Gefängnisstrafe zu entgehen.

Sonny Black betrat das Haus, nachdem Coppa und die anderen drei die üblichen Begrüßungen ausgetauscht hatten. Doch es fand kein Treffen statt. Coppa wies Sonny auf die Tür zum Keller hin, wo das eigentliche Treffen stattfinden würde. Wenn Sonny Black nicht schon von seinem Schicksal gewusst hätte, hätte ihn das sicherlich misstrauisch gemacht. Trotzdem öffnete er pflichtbewusst die Tür und ging als Erster die Treppe hinunter zu den bewaffneten Männern, die ihn unten erwarteten. In diesem Moment spürte er die volle Wucht seiner Gangsterkollegen hinter sich, als sie ihn die Treppe hinunterstießen. Er stürzte bis zum Boden, wo Filocomo und Bob Lino bereits ihre Pistolen auf den verletzten Napolitano gerichtet hatten. Doch selbst im Tod war Napolitano noch anmutig. Kurz bevor die beiden ihre Munition auf den in Ungnade gefallenen Kapitän abfeuerten, sprach er seine letzten Worte: „Mach es gut" (Raab, 2005). Nach seinem Tod wurden Napolitanos Hände abgetrennt und entsorgt, damit die Polizei ihn nicht anhand seiner Fingerabdrücke identifizieren konnte.

Lefty Ruggiero, einer von Sonny Blacks Soldaten und einer von Donnies engsten Freunden, als dieser undercover war, war als Nächstes an der Reihe. Nachdem die Nachricht von Donnies Identität bekannt geworden war, weigerte sich Lefty angeblich, dies zu glauben. Er und Donnie standen sich zu nahe, und Lefty glaubte, dass es sich in Wirklichkeit um einen Trick des FBI handelte, um Unzufriedenheit innerhalb der Familie zu säen. Ob Lefty dies einfach nur leugnete, können wir nicht mit Sicherheit sagen, aber das änderte Joe Massinos Meinung nicht. Auch Lefty war dem Tod geweiht. Zum Glück griff das Schicksal ein. Auf dem Weg zu dem Treffen, bei dem er ermordet werden sollte, wurde Lefty am 29.

August 1981, nur wenige Wochen nach Napolitanos Tod, von FBI-Agenten abgefangen. Selbst als er im Gefängnis saß und auf seinen Prozess wegen Schutzgelderpressung wartete, weigerte er sich zu glauben, dass Donnie ein Informant war. Das tat er so lange, bis Joe Pistone offiziell vor Gericht gegen ihn aussagte. Im darauffolgenden November wurde Ruggiero zu 15 Jahren Haft verurteilt, ebenso wie seine Bonanno-Kollegen Nicky Santora und Tony Rabito. Fast genau zwölf Jahre später starb Lefty an Krebs.

Tony Mirra, der Donnie zum ersten Mal mit Lefty und der Sonny-Black-Crew bekannt gemacht hatte, war der Letzte der drei. Er erwies sich als etwas feiger als die beiden anderen: Sofort nachdem die Infiltration aufgedeckt wurde, tauchte Mirra unter. Es dauerte Monate, bis die Familie herausfand, wo er sich aufhielt. Massino gab den Auftrag schließlich an Joe D'Amico, einen von Mirras Cousins, da dieser der Einzige war, mit dem Mirra sich wahrscheinlich treffen würde. Mitte Februar 1982 traf sich D'Amico mit Mirra in einem Parkhaus in New York City. D'Amico sprang in das Auto, das Mirra fuhr. Als sie gemeinsam losfahren wollten, schoss D'Amico Mirra aus nächster Nähe in den Kopf. Dann sprang D'Amico wieder heraus, stieg in einen versteckten Fluchtwagen und fuhr mit Mirras Onkel Alfred „Al Walker" Embarrato und seinem Cousin Richie „Shellackhead" Cantarella davon. Sie rasten davon, nachdem die Rechnung mit Donnies Sponsoren endlich aufgegangen war.

Die Bonanno-Familie lag wieder einmal in Trümmern. Die Sonny-Black-Crew hatte keinen Anführer mehr und ihr Ruf war dauerhaft beschädigt. Auch wenn Rastelli während des Fiaskos im Gefängnis saß, trug er dennoch die Verantwortung, da er für Sonny Black gebürgt hatte, der wiederum für einen verdeckten Ermittler gebürgt hatte (ganz zu schweigen davon, dass er ihn beinahe in die Familie aufgenommen hätte). Auch wenn Napolitano, Ruggiero und Mirra beseitigt wurden, trug das wenig dazu bei, den Rest der Fünf Familien zu beruhigen. Als letzte Strafe für den Donnie-Brasco-Vorfall schloss die Mafia-Kommission Rastelli und die gesamte Bonanno-Familie offiziell aus der Kommission aus. Sie hatten nicht nur keinen Platz mehr am Tisch, sondern wurden auch aus der gesamten Kommissionsstruktur ausgeschlossen. Auf dem Papier war das eine Tragödie, doch es hatte auch seine Vorteile, wie wir gleich sehen werden. Joe Massino war nun der Thronfolger des alten Rusty Rastelli.

Dieser wurde schließlich im April 1983 aus dem Gefängnis entlassen. Er wurde in einer entehrten und besiegten Familie willkommen geheißen, doch er sollte nicht lange unter ihnen bleiben – in weniger als einem Jahr würde er wieder ins Gefängnis kommen. Kurz nach seiner Entlassung organisierten Rastelli und Massino einen Anschlag auf Cesare „Tall Guy" Bonventre, einen Capo des berüchtigten Bonventre-Clans. Dieser hat seine Wurzeln in der gleichen sizilianischen Stadt wie die Bonannos und Magaddinos. Dies war wahrscheinlich ein Versuch, die Familie „fester" zu machen und Rastellis Kontrolle über sie zu festigen. Bonventre war das Oberhaupt der Zips-Fraktion der Bonannos und hatte seine Machtbasis stetig vergrößert, während der Rest der Familie von internen Streitigkeiten und Bürgerkriegen geplagt war. („Zip" ist ein Slangbegriff für Mafiosi, die in Sizilien oder auf dem italienischen Festland geboren wurden und später nach Amerika ausgewandert sind – im Gegensatz zu in Amerika geborenen

Mafiosi.) Mit seiner loyalen und brutalen Bande von Italienern stellte Bonventre eine Bedrohung für Rastelli und damit auch für seinen Erben Massino dar. Außerdem war Bonventre wegen seiner Beteiligung am sizilianischen Heroinschmuggel bereits in ernsthaften rechtlichen Schwierigkeiten. Um zu verhindern, dass er versucht, die Macht an sich zu reißen oder als Zeuge auszusagen, um dem Gefängnis zu entgehen, wurde er zum Tode verurteilt. Sal Vitale und Louis Attanasio wurden mit der Ausführung des Urteils betraut. Sie holten den Sizilianer ab und fuhren ihn zu einem vorgetäuschten Treffen in New Jersey. Als sie parkten, schoss Attanasio ihm zwei Kugeln in den Hinterkopf. Entweder hatte Bonventre einen unglaublich dicken Schädel, oder er war einfach ein zäher Kerl – obwohl zwei Kugeln in seinem Kopf steckten, hatte er noch die Kraft, seine beiden Mörder zu töten. Nachdem sie das Auto fast in das Gebäude gerammt hatten, überwältigten Vitale und Attanasio ihn schließlich. Als er versuchte, wegzukriechen, töteten sie ihn. Kurz nachdem er gestorben und seine Leiche beseitigt worden war, wurde Bonventre wegen der Drogenvorwürfe angeklagt. Die Strafverfolgungsbehörden wussten davon nichts.

Im selben Jahr wurde Boss Philip Rastelli erneut verhaftet, dieses Mal wegen Verstoßes gegen die Bedingungen seiner Bewährung. Ihm war es verboten, sich während seiner Bewährung mit bekannten Kriminellen zu treffen – eine übliche Bedingung für eine vorzeitige Entlassung. Offenbar war Rastelli aber nicht vorsichtig genug, denn die Beamten hatten ihn bei einem Treffen mit anderen Familienmitgliedern beobachtet. 1985 wurden seine rechtlichen Probleme noch viel schlimmer. In jenem Jahr wurde er, wie auch alle anderen Anführer der NYC Five Families, im verheerendsten

Prozess gegen die Mafia in der Geschichte des organisierten Verbrechens auf Bundesebene angeklagt. Es war der „Mafia Commission Trial", der die amerikanische Mafia-Führung ins Herz traf. Obwohl der Donnie-Brasco-Vorfall die Bonannos in große Verlegenheit und rechtliche Schwierigkeiten brachte, war es letztlich die Lucchese-Familie, die dem italienisch-amerikanischen organisierten Verbrechen am meisten zusetzte.

In den frühen 80er Jahren hatte der Lucchese-Boss Anthony „Tony Ducks" Corallo ein Quasi-Monopol über das Müllentsorgungsgeschäft auf Long Island aufgebaut. Kleinunternehmern wurde mit Gewalt gedroht, wenn sie der Lucchese-Familie im Gegenzug für den „Schutz" ihrer Müllrouten keine Tributzahlungen leisteten. Die meisten von ihnen fügten sich der aggressiven Erpressungstaktik der Mafia, doch einer stach heraus: Rob Kubecka, der ein lokales Transportunternehmen besaß. Sein Name war Rob Kubecka und er besaß ein lokales Transportunternehmen. Außerdem weigerte er sich strikt, sich ausnutzen zu lassen. Infolgedessen wurde er häufig belästigt und bedroht. Die Mitarbeiter der Lucchese-Familie versuchten regelmäßig, sein Geschäft zu stören (Rob hatte das Unternehmen von seinem Vater geerbt, der die Versuche der Lucchese-Familie, sich in sein Geschäft einzumischen, stets zurückgewiesen hatte). Die Gangster beschädigten seine Lastwagen, schlitzten Reifen auf, schlugen Fenster ein, legten Feuer und drohten sogar seinen Kunden mit Gewalt, wenn sie Kubeckas Routen benutzten.

Schließlich hatte der Kleinunternehmer genug und wandte sich an das FBI. Er willigte ein, ein Treffen mit Mitgliedern der Lucchese-Familie zu arrangieren und ein verstecktes Abhörgerät zu tragen, um das gesamte Gespräch aufzuzeichnen. Das Treffen fand irgendwann im Jahr 1982 statt, und das FBI konnte die Lucchese-Männer festnehmen, die Kubeka bedroht und erpresst hatten. Diese Beweise reichten aus, um einen Richter in Long Island davon zu überzeugen, dass das FBI weitere Abhörgeräte installieren durfte – unter anderem im Auto und im Haus von Sal Avellino, einem von Corallos Kapitänen. Die Wanzen in seinem Auto waren sehr erfolgreich und das FBI konnte kristallklare Tonaufnahmen von Corallo, Avellino und anderen Mafiosi auffangen, die sich direkt auf die streng geheime Mafia-Kommission bezogen. Sie sprachen über ihre Führungsstruktur, wie und warum sie funktionierte, ihren demokratischen Charakter, die Praktiken der Mafia-Mitgliedschaft und vieles mehr. Im Laufe der Ermittlungen belasteten die Männer auch jeden einzelnen der anderen Bosse der Five Families direkt. Die Aufnahmen waren eine wahre Goldmine.

Sie führten schließlich im Jahr 1985 zur Anklage von Lucchese-Boss Anthony Corallo, Gambino-Boss Paul Castellano, Genovese-Boss Anthony „Fat Tony" Salerno und Bonanno-Boss Rusty Rastelli. Später wurde auch der Colombo-Boss Carmine Persico angeklagt. Die Oberhäupter aller großen New Yorker Familien sowie hochrangige Untergebene aus jeder Familie liefen nun Gefahr, für den Rest ihres Lebens ins Gefängnis zu kommen. Für die Bonannos war Rastelli das Hauptziel. Aber auch Stefano Canone (angeblich der damalige Consigliere der Familie) und Anthony „Bruno" Indelicato (Sohn des getöteten Capos Sonny Red Indelicato) wurden angeklagt. Dieser gewaltige Prozess wurde als „Mafia Commission Trial" von 1985 bekannt und drohte, die gesamte kriminelle Unterwelt von New York City zu zerschlagen. Am Ende waren die Luccheses und Colombos am stärksten betroffen. Die Lucchese-Familie verlor ihren Boss, ihren Unterboss und ihren Consigliere, die jeweils zu 100 Jahren Gefängnis und einer Geldstrafe von zusammen 750.000 Dollar verurteilt wurden. Somit wurde ihre gesamte Führungsstruktur ins Gefängnis gesteckt. Bei allen anderen Familien wurden zumindest die Bosse verurteilt – außer bei den Gambinos. Paul Castellano wurde ermordet, bevor ein Urteil gefällt werden konnte, er wäre jedoch sehr wahrscheinlich ebenfalls verurteilt worden. Rastelli kam durch eine Laune des Schicksals noch glimpflich davon.

Er wurde trotzdem ins Gefängnis gesteckt, allerdings nicht direkt als Folge des Kommissionsprozesses. Im Mai 1984 trafen sich vier Bosse der Familie zu einem geheimen Treffen auf Staten Island, um die Einzelheiten eines lukrativen Bauspargeschäfts zu besprechen, an dem sie alle beteiligt waren. Aufgrund der Angelegenheit mit Donnie Brasco, die zu großem Misstrauen gegenüber der Bonanno-Familie und ihrem Status in der Kommission führte, wurde Rastelli nicht eingeladen, sich an dem Plan zu beteiligen – ebenso wenig wie andere Mitglieder oder Vertreter der Bonanno-Familie. Dies war der Fall, der zu den schwersten Verurteilungen der Bosse führte. Da Rastelli nicht direkt involviert war und seine Familie nun eine von der Kommission völlig getrennte Einheit bildete, wurde die Anklage gegen ihn in diesem Fall schließlich fallengelassen. Die Befehlsketten der vier anderen Familien waren zerbrochen, doch die Bonannos „kamen mit einem blauen Auge davon, konnten mit einem Großteil ihrer Führungsriege weiterarbeiten" und waren später in der Lage, „sich zu konsolidieren und von der Katastrophe der L'Affaire Brasco zu erholen" (Destefano, 2008). Doch Rastelli hatte nicht so viel Glück wie der Rest der Bonannos. Gegen ihn wurde weiterhin ermittelt und er wurde in einem Parallelverfahren angeklagt, das 1986 mit seiner Verurteilung endete. Er erhielt zwölf Jahre Haft für 24 verschiedene Anklagen wegen organisierter Kriminalität.

Zwischen 1985 und 1987 gab es ein weiteres juristisches Problem für die Bonannos und die anderen Familien, insbesondere die sizilianischen Fraktionen, die einen Großteil des internationalen Drogenhandels von Europa über Kanada bis in die USA betrieben. Der Prozess wurde unter dem Namen „Pizza Connection Trial" bekannt und führte zu mehr als einem Dutzend Verurteilungen wichtiger amerikanischer und sizilianischer Mafiosi. Der Staat behauptete, organisierte Kriminelle hätten verschiedene Pizzerien in New York City als Vorwand genutzt, um aus dem Ausland eingeführte Drogen zu lagern und zu vertreiben. Damit war einmal mehr die größte Geldquelle einer großen Anzahl von Mafiosi bedroht. Die Bonanno-Familie war besonders gefährdet, da die meisten kanadischen Verbindungen im Drogenhandel zu ihr gehörten. Zudem war es Joe, der hinter dem Treffen von 1957 in Palermo stand, bei dem ein Großteil der Details organisiert wurde. Gaetano Badalamenti, einer der sizilianischen Bosse, der bei dem Treffen in Palermo anwesend war, gehörte auch zu den Angeklagten im „Pizza Connection"-Prozess und könnte viel über die Beteiligung der Familie zu sagen haben. 1987 wurden die Urteile gefällt und Gaetano zusammen mit anderen ins Gefängnis gesteckt. Es war jedoch nicht der sizilianische Don, der den größten Schaden anrichtete – der FBI-Agent Joseph „Donnie Brasco" Pistone trat ebenfalls als Zeuge auf und sagte aus, dass er die Familie vor Jahren infiltriert hatte. Pistone verwickelte die Bonannos direkt in die sizilianische Verbindung. Er sagte aus, dass die ehemalige Crew von Dominick „Sonny Black" Napolitano der Hauptkontakt zwischen den Bonannos und Salvatore Catalano war. Catalano war einer der anderen sizilianischen Mafiosi, die im Rahmen der „Pizza Connection" angeklagt wurden.

Insgesamt kamen die Bonannos im Vergleich zu den anderen Familien in New York noch glimpflich davon. Auch Bruno Indelicato wurde schließlich angeklagt, was für die Familie vielleicht von Vorteil war, da er Rastelli und seine Untergebenen für den Tod seines Vaters verantwortlich machte. Indelicato wurde jedoch wegen seiner Beteiligung an der Ermordung des abtrünnigen Drogenbosses Carmine Galante separat wegen Mordes verurteilt und erhielt weniger als die Hälfte der Haftstrafe, die die Bosse der Familien Lucchese, Gambino, Genovese und Colombo erhielten. Letztere starben fast alle in Bundeshaft. Der Kommissionsprozess schloss ein weiteres brutales und unglückliches Kapitel in der Geschichte der amerikanischen Mafia ab. Überraschenderweise waren die Bonannos nach dem Prozess die einzigen, die noch wie eine echte, funktionierende Familie aussahen. Vielleicht würde es für die Familie, die jahrzehntelang darum gekämpft hatte, ihren früheren Ruhm wiederzuerlangen, jetzt endlich aufwärtsgehen. Da Rastelli jedoch erneut gezwungen war, die Familie aus der Haft heraus zu führen, musste sich ihre Macht um eine neue Figur scharen. Diese Figur war der prominente Bonanno-Capo Joseph Charles Massino.

Die Familie Massino?

Insgesamt verbrachte Rusty Rastelli nur etwa drei Jahre seiner Zeit als Bonanno-Boss außerhalb des Gefängnisses. Aufgrund seiner ständigen Abwesenheit war er für die meisten der jüngeren Mafiosi eine fast mythische Figur, da sie ihn noch nie getroffen hatten. In der Zwischenzeit wurde das Tagesgeschäft von verschiedenen Capos geführt, die um die Vorherrschaft kämpften, darunter Sonny Red, Black und Joe Massino. Als Rastelli in den späten 80er Jahren zum letzten Mal ins Gefängnis ging, war nur noch einer seiner Schützlinge übrig: Massino. Die beiden Sonnys waren tot und niemand sonst stellte eine echte Herausforderung dar. Rastelli blieb für den Rest der 1980er Jahre das offizielle Oberhaupt der Bonannos, während Massino, der die Werte der Loyalität verinnerlicht hatte, die Familie im Zaum hielt. Rastellis Gesundheitszustand verschlechterte sich mit jedem Jahr, das er hinter Gittern verbrachte, bis er 1991 aus dem Gefängnis entlassen wurde, da die Regierung erkannte, dass er nicht mehr lange zu leben hatte. Sie sollten Recht behalten – nur 20 Tage nach seiner Freilassung starb er im Alter von 73 Jahren an fortgeschrittenem Leberkrebs. Die Bonannos brauchten einen neuen Anführer, am besten einen, der nicht für mehrere Jahre ins Gefängnis musste.

Leider war ihr nächster Boss bereits inhaftiert. 1987 wurde Massino, der als Bonanno-Unterboss für Rastelli fungierte, ins Gefängnis geschickt. Er stand wegen Mordes und organisierter Kriminalität, insbesondere Lkw-Diebstahl, vor Gericht. Der Mafia-Informant Joe Pistone, auch bekannt als Donnie Brasco, sagte gegen ihn aus. Er wurde schließlich für die Morde freigesprochen, aber für die Entführungen verurteilt. Überraschenderweise war es Massinos erster Gefängnisaufenthalt, für den er zehn Jahre bekam. Bei den Bonannos gab es jetzt zwei Schichten von amtierenden Bossen, da sowohl Rastelli als auch Massino nicht mehr auf der Straße waren. In ihrer Abwesenheit wurde die Familie von einer Kombination aus Capo Salvatore Vitale, Massinos Schwager, und dem älteren Consigliere Tony Spero geleitet. Nach Rastellis Tod im Jahr 1991 berief Sal Vitale ein Treffen aller anderen Capos der Familie ein, um festzulegen, wie sie weiter vorgehen wollten, d. h. wer ihr nächster offizieller Boss sein würde. In Wirklichkeit war es jedoch eine ausgemachte Sache. Selbst im Gefängnis hatte niemand so viel Macht und Einfluss wie Massino und Vitale, der nächstmächtigste Capo, war dem Ehemann seiner Schwester loyal ergeben. Außerdem hatte Massino geduldig auf Rastellis Tod gewartet und Vitale insgeheim gesagt, dass er, sobald dieser von der Bildfläche verschwunden sei, dafür sorgen müsse, dass sich die anderen Capos hinter seine Führung einreihten.

Massino war erfolgreich. Bei dem Treffen waren sich die anderen Capos einig, dass Massino die einzig logische Wahl für den nächsten Boss war, obwohl er noch eine Haftstrafe verbüßte. Vitale würde weiterhin als amtierender Boss und als Verbindungsmann zwischen Massino und dem Rest der Familie fungieren. Die Bonannos hatten immer noch einen schlechten Ruf bei der Mafia-Kommission, daher brauchte man nicht darauf zu warten, dass die Kommission Massino bestätigte. Außerdem litten die anderen vier New Yorker Familien noch immer unter den Folgen des Kommissionsverfahrens und waren daher nicht in der Lage, großen Druck auf die Bonannos auszuüben.

Im Jahr 1991 war Massino noch keine 50 Jahre alt. Das bedeutete, dass er möglicherweise noch lange als Bonanno-Boss regieren könnte, sofern es ihm gelänge, seine Familie durch diese schwierigen Jahre zu führen und sie von den lähmenden Rechtsproblemen und der allgemeinen Schlamperei, die sie seit Jahren plagten, abzulenken. Um dies zu erreichen, musste er jedoch weitreichende Reformen durchführen und die Tendenzen beseitigen, die seine Leute immer wieder in Schwierigkeiten brachten. Eine der größten Änderungen, die er durchsetzte, war das vollständige Verbot der traditionellen Mafia-Treffpunkte. Das bedeutete auch, dass er von seinen Top-Leuten verlangte, ihre verschiedenen Clubs zu schließen oder nicht mehr zu benutzen. Es war eindeutig keine gute Idee, bekannte Orte zu haben, an denen die Bundespolizei immer Informanten finden konnte. Die Idee war, dass Mafiosi, die sich regelmäßig an vermeintlich „sicheren Orten" versammeln, ihre Wachsamkeit herabsetzen. Außerdem wären dies die offensichtlichsten Orte, die die Strafverfolgungsbehörden mit versteckten Aufnahmegeräten, Abhörgeräten und Wanzen ins Visier nehmen könnten. Die Zeiten berüchtigter Mafia-Treffpunkte wie der „Sonny Black's Motion Lounge" sollten vorbei sein. Massino bestand auch darauf, dass seine Leute fast alle geschäftlichen Verbindungen Bonannos zu den anderen Familien und kriminellen Organisationen kappen, um die Reihen zu schließen. Massino wollte die Geschäfte so weit wie möglich intern halten, um zu verhindern, dass Leute aus anderen Familien die Bonanno-Macher entlarven, wenn sie unter Druck geraten.

Ende 1992 wurde Massino vorzeitig aus dem Gefängnis entlassen – allerdings unter der Bedingung, dass er überwacht wird. Die

Auflagen, die ihm gemacht wurden, ähnelten denen von Rastelli, als dieser Anfang der 1980er Jahre entlassen wurde. Er durfte sich unter keinen Umständen mit bekannten Mafiosi oder anderen Kriminellen treffen, geschweige denn bei Verbrechen ertappt werden. Er war fest entschlossen, die gleichen Fehler zu vermeiden, die sein Vorgänger gemacht hatte. Obwohl er ein freier Mann war, hätte er aus Sicht seiner Familie immer noch im Gefängnis sitzen können. Kaum jemand aus der Familie, selbst hochrangige Leute, durfte ihn sehen oder mit ihm sprechen. Die einzige Ausnahme war Sal Vitale, der Unterboss von Bonanno. Er fungierte weiterhin als Massinos Vermittler, selbst als dieser auf Bewährung entlassen wurde. Alles, was Massino hören musste, wurde ihm von Vitale erzählt und alles, was Massino jemand anderem erzählen musste, wurde Vitale anvertraut – niemandem sonst. Das funktionierte aus zwei Gründen: Erstens hatte Vitale eine relativ saubere Akte und war in seiner langen Karriere noch nie wegen eines Mafiaverbrechens verurteilt worden. Das FBI verdächtigte ihn zwar, aber ein Treffen mit jemandem, dem kein Mafiaverbrechen nachgewiesen werden konnte, würde nicht ausreichen, um die Bedingungen seiner bedingten Entlassung zu verletzen. Zweitens waren Vitale und Massino miteinander verheiratet, sodass sie glaubhaft leugnen konnten, wenn ein Polizist oder ein FBI-Agent nachfragte, warum sie sich im Haus des anderen trafen – vor allem, wenn ihre Frauen dabei waren. Sie konnten einfach behaupten, sie hätten an einer Familienfeier teilgenommen und nicht an einem geheimen Treffen der Mafia. So ging es eine Zeit lang weiter und Massino war gut vom Tagesgeschäft der Bonanno-Familie abgeschirmt, während er hinter den Kulissen Befehle erteilte.

Auch wenn Vitale sein Verbindungsmann war, musste Massino sicherstellen, dass er nicht in die Sache verwickelt wurde, falls einer seiner Leute heimlich auf FBI-Bändern aufgenommen wurde, wie es dem Lucchese-Captain ergangen war, der den Namen seines Chefs genannt hatte. Zu diesem Zweck verlangte Massino, dass keiner seiner Männer auch nur seinen Namen ausspricht, wenn es um Familienangelegenheiten geht. Stattdessen wurden sie angewiesen, auf ihre Ohren zu zeigen oder sie zu berühren, wenn sie von ihm sprachen – eine Taktik, die er sich von dem notorisch paranoiden (und wahrscheinlich psychisch kranken) Boss der Genovese-Familie, Vincent Gigante, abgeschaut hatte. Das war so ziemlich das Einzige, das Massino an dem unberechenbaren und labilen Genovese-Boss bewunderte. Denn Gigante hatte zuvor die von Sonny Red angeführte Rebellengruppe gegen Massinos Mentor Rastelli unterstützt. Massino hatte auch aus den Fehlern seines ehemals sehr engen Verbündeten, des legendären John Gotti, gelernt. Seit Gotti Boss der Gambino-Familie war (und auch schon davor), hatte er sich einen großen Namen gemacht – allerdings nicht auf gute Weise. Er stand gern im Rampenlicht und war in kürzester Zeit zur bekanntesten und berüchtigtsten Verbrecherfigur des Landes geworden. Dies trug zu seiner Verurteilung im Jahr 1992 bei, die ihn für den Rest seines Lebens hinter Gitter bringen sollte. Dieses Schicksal wollte Massino unbedingt vermeiden. Er kritisierte seinen Freund dafür, dass er einen solchen Bekanntheitsgrad erlangt hatte, denn das machte ihn zu einer großen Zielscheibe für das FBI. Massino hingegen wollte nicht, dass jemand wusste, wer er war, und mied das Rampenlicht wie die Pest.

Unter diesen Bedingungen führte Joe Massino sein neues Regime. Es gab jedoch noch ein anderes Problem, das ihn beschäftigte: der Namensvetter der Familie. Massino hegte großen Groll gegen den ehemaligen Boss Joe Bonanno – nicht nur wegen dessen dreister Machtergreifung, durch die die einst große Bonanno-Familie als Paria aus der Mafia-Welt verbannt wurde. Dass Don Peppino tatsächlich ein Enthüllungsbuch verfasst hatte, in dem er die Geheimnisse seiner Familie und der gesamten Mafiastruktur ausplauderte, erzürnte Massino. Er betrachtete sich selbst als Gangster der alten Schule, der die traditionellen Gesetze der Mafia lebte und atmete. Er war der Meinung, dass Bonanno es nicht verdiente, dass sein Name weiterhin mit der Organisation in Verbindung gebracht wurde, die er entehrt hatte. Von nun an waren sie Teil der Familie Massino, die er als völlig anders betrachtete als die tote und verschwundene Familie Bonanno. Natürlich wollte er nicht, dass dies außerhalb der Mafia bekannt wurde, denn das hätte offensichtliche Auswirkungen auf seine Rolle. Das FBI würde sich sicherlich dafür interessieren, warum der Mann, der sich eigentlich heraushalten sollte, plötzlich seinen Namen mit einer berüchtigten kriminellen Organisation verband. Solange er der Boss war, war der Name Bonanno innerhalb der Familie tot, aber die Medien, die Strafverfolgungsbehörden und die breite Öffentlichkeit benutzten weiterhin den Nachnamen des alten Castellammarese-Bosses. Bis heute gibt es nur wenige Menschen, die sie anders als die Bonanno-Familie nennen.

Der Vorfall mit Donnie Brasco war selbst in den frühen 90er Jahren noch immer in den Köpfen von Massino und der Führung der Bonanno-Familie präsent. Der FBI-Agent Joseph Pistone hatte gezeigt, dass er bereit war, gegen diejenigen auszusagen, die er einst als Freunde betrachtet hatte. Sein Handeln führte direkt zum Tod von Massinos größtem Verbündeten im Konflikt zwischen Rot und Schwarz sowie zum Tod einiger der wichtigsten Vollstrecker der Bonannos. In Wirklichkeit hätte jeder auf diesen Plan hereinfallen können; es war nur Pech, dass er ausgerechnet in der Crew von Dominick Napolitano und Lefty Ruggiero stattfand. Angesichts des Erfolgs der Brasco-Operation wusste Massino, dass es nur eine Frage der Zeit war, bis das FBI weitere, noch kühnere Versuche unternehmen würde, die Mafia zu infiltrieren. Deshalb mussten mehr Vorsichtsmaßnahmen getroffen werden. Obwohl die Kommission die Angelegenheiten der Bonannos, einschließlich der Mitgliedschaft, nicht mehr überwachte, nahm Massino es auf sich, die Reihen zu schließen und die Zahl der Neuaufnahmen in die Familie und seine Crew streng zu begrenzen. Pistone war weniger als fünf Jahre lang Mitarbeiter der Bonannos gewesen, bevor Napolitano ihn zur Aufnahme vorschlug. Wahrscheinlich wäre es sogar noch früher passiert, wenn Rusty Rastelli zu dieser Zeit nicht im Gefängnis gewesen wäre. Von nun an mussten alle potenziellen Mitglieder mindestens zehn Jahre lang persönlich von einem Mitglied bekannt sein, bevor sie für die Aufnahme in die Familie infrage kamen. Außerdem musste der Mann, der sie sponserte, persönlich für sie und ihren Charakter bürgen. Jeder wusste, was mit Sonny Black und Tony Mirra passiert war. Also mussten die „Made Guys" absolut sicher sein, dass die Person, für die sie bürgten, vertrauenswürdig war, denn ihr Leben hing davon ab. Leider wurden diese strengen Standards nicht immer eingehalten und die Familie sollte in den kommenden Jahren darunter leiden.

Nachdem Massino die Zügel in die Hand genommen und neue Beschränkungen für die Mitgliedschaft eingeführt hatte, ermutigte er die Männer der Familie auch, ihre Söhne und andere männliche Verwandte in das Mafialeben einzubeziehen. Die Logik dahinter war, dass Capos und Soldaten viel weniger bereit wären, als Kronzeugen aufzutreten, wenn ihre Aussagen ihre eigenen Familienmitglieder gefährden könnten. Es war allerdings sehr optimistisch anzunehmen, dass Mafiosi zögern würden, ihre eigenen Verwandten zu verraten. Schließlich hatten 70 Jahre Mafiageschichte bereits bewiesen, dass die Schlaumeier, wenn sie auf die Probe gestellt wurden, mehr als bereit waren, ihre Onkel, Cousins, Brüder und Neffen zu verraten oder sogar zu töten, um sich selbst zu retten. Unabhängig davon war es auch ein Versuch, die Familie zu ihren Wurzeln zurückzubringen, zu den frühesten Tagen der Bonannos, als die Familie fast ausschließlich aus Verwandten von nur einer Handvoll der wichtigsten Mafia-Familien in Castellammare del Golfo bestand – den Bonannos und Bonventres zum Beispiel.

Massino isolierte die Familie jedoch nicht vollständig. Er bemühte sich, die Beziehungen zu dem mächtigen Don Vito Rizzuto aus Montreal wieder zu stärken. Dessen Familie galt einst als eine Fraktion der Bonannos, war aufgrund der rechtlichen Probleme der Mafia und der Kämpfe um die Führung in den USA inzwischen aber bis zu einem gewissen Grad unabhängig geworden. Später im Jahrzehnt gab Massino offenbar jedoch den Befehl, Gerlando „George aus Kanada" Sciascia zu töten. Dieser war das langjährige Bindeglied zwischen den Bonannos und ihren kanadischen Ablegern. Im Jahr 1999 teilte er dem Unterboss Sal Vitale mit, dass er Sciascia umbringen lassen wolle, damit es wie ein missglückter Drogendeal aussehe. Der Auftrag wurde weitergereicht und am Ende waren es John Joseph Spirito und Patrick DeFilippo, die den Mord ausführten. Die drei Mafiosi fuhren gemeinsam zu einem fingierten Drogentreffen, bei dem Sciascia im Auto erschossen wurde. Die beiden Killer luden seine Leiche dann auf der Straße ab, damit es wie eine Schießerei im Vorbeifahren aussah. Laut Vitale wollte Massino unbedingt, dass alle glaubten, die Bonanno-Familie habe nichts mit Sciascias Tod zu tun, denn er war sehr beliebt. Er wollte nicht, dass seine Leute erfuhren, dass er den Tod eines der ihren befohlen hatte, und er wollte seine Beziehung zu den Rizzutos nicht ruinieren. Offenbar machte der Boss ein bisschen Theater, um seine Leute zu überzeugen. Er gab vor, empört über den Mord zu sein, und verlangte, dass alle seine Capos ihre Kontakte nutzen, um Gerlandos Mörder zu finden. Zu seinem Pech schienen ihm nur wenige zu glauben, darunter auch Vito Rizzuto.

Der Mord an Sciascia würde Massino später einholen, doch im Moment hatte er viele Maßnahmen ergriffen, um sich vor dem Gesetz zu schützen und seine Leute davon abzuhalten, sich gegen ihn zu wenden. Es gab jedoch noch einen anderen Anreiz, der die Leute dazu brachte, auszusteigen und Zeugen zu werden: Geld. Wenn ein Mafioso ins Gefängnis kam, verlor er normalerweise die Möglichkeit, ein eigenes Einkommen zu erzielen. Das bedeutete auch, dass seine Frau und seine Kinder kein Geld mehr bekamen. Diese Männer waren auf das Wohlwollen ihrer Gangsterkollegen angewiesen, um ihre Familien während ihrer Abwesenheit zu versorgen. Dieses Wohlwollen war in dem mörderischen und gierigen Spiel des Gangsterlebens jedoch nicht immer leicht zu erlangen. Wenn ein Mann für 20 Jahre wegging und keine familiären Verbindungen nach draußen hatte, warum sollte er dann Geld für seine Familie auftreiben? Ihre Frauen und Kinder konnten nichts dagegen tun und es würde Jahrzehnte dauern, bis sie wieder frei wären. Andererseits erlaubte das FBI Mafiosi oft, weiter Geld zu verdienen, solange sie es mit Informationen über ihre Freunde versorgten. Wenn also jemand geschnappt wurde, konnte er sich entweder an seinen „Ehrenkodex" halten und riskieren, alles zu verlieren, oder er konnte weiter Geld verdienen und gleichzeitig dem Gefängnis entgehen – in der Regel war das eine einfache Entscheidung.

Um dies zu verhindern, führte Massino eine Art Mafia-Wohlfahrtsprogramm ein: Jeder Bonanno-Capo und -Soldat zahlte jeden Monat eine spezielle Gebühr in einen Rechtshilfefonds ein. Wurde ein Bonanno wegen eines Verbrechens im Zusammenhang mit der Familie verhaftet, wurden seine Anwalts- und Gerichtskosten aus diesem Fonds bezahlt, statt dass er sie aus eigener Tasche zahlen oder die Ersparnisse der Familie anzapfen musste. Denn einer der Hauptgründe, warum die Typen auspackten, war, dass die Ermittler und Staatsanwälte die Ermittlungen und Gerichtsverfahren absichtlich in die Länge zogen, bis sie den Typen, gegen den sie ermittelten, unweigerlich in den Ruin trieben und ihm keine andere Wahl ließen. Mit diesem Sonderfonds hoffte Massino, einen weiteren Anreiz für seine Männer zu beseitigen, sich zu „Ratten" zu machen. Das Programm war jedoch nicht ganz unproblematisch: Einige der gemachten Jungs störten sich daran, dass sie zusätzlich zu ihrem monatlichen Tribut noch eine weitere Gebühr an den Boss zahlen mussten. Mehr als einer von ihnen glaubte, dass Massino den Fonds vielleicht nur eingerichtet hatte, um sich an den Zahlungen zu bereichern.

Mitte der 90er Jahre wuchs das Misstrauen gegenüber Massino. Vieles davon war auf sein eigenes Misstrauen gegenüber anderen zurückzuführen. Ab etwa 1995 verschlechterte sich Massinos Beziehung zu Sal Vitale auf unerklärliche Weise. Der Boss entzog seinem Unterboss zunehmend Verantwortung und Vitale hatte das Gefühl, nur noch ein Aushängeschild zu sein. Der Unterboss einer Familie dient oft als Mittelsmann zwischen dem Boss und den Capos. Massino hatte jedoch angeblich alle Bonanno-Capos angewiesen, nicht mehr mit Vitale zu sprechen. Vitale hatte kaum Befugnisse gegenüber den rangniedrigeren Mitgliedern der Familie und wurde von Massino nur noch für die Planung von Morden eingesetzt, wie später beim Sciascia-Mord. Vitale durfte zwar weiterhin Geld verdienen, machte sich aber zunehmend Sorgen, dass er völlig abgeschnitten werden würde. Er fürchtete auch um seine Angehörigen: „Der Verlust seines Status nagte an Vitale, und er fühlte sich verletzlich, weil er glaubte, dass seine Frau und seine Kinder auf der Straße stehen würden, wenn ihm etwas passieren würde" (DeStefano, 2008). Die Bonannos begannen, die anderen Fünf Familien in den Schatten zu stellen, doch vielleicht wurde Massino von seiner Macht übermannt.

Die neuen Regeln und Reformen seines vermeintlich strengen Regimes waren weitgehend erfolgreich. Die Bonannos sahen nun ganz anders aus als die Familie, die sich jahrelang mit ständigen Machtkämpfen und Bossen, die immer wieder im Gefängnis landeten oder nicht lange genug überlebten, um etwas zu bewirken, selbst aufgefressen hatte. Außerdem nahm die Familie wieder die

Form einer Familie an, die in der Lage war, eine führende Rolle in der New Yorker Unterwelt einzunehmen. In weniger als sechs Jahren als Boss war Massino die Nummer eins unter den Verbrechern im Staat New York – vielleicht sogar im ganzen Land. Die anderen fünf Familien hatten immer noch zu kämpfen, sogar die mächtigen und brutalen Genoveses. Seit Massino die Nachfolge des verstorbenen Rusty Rastelli angetreten hatte, hatten auch die anderen Familien eine weitere Runde von Massenverurteilungen erlebt. So wurde der Gambino-Boss John Gotti 1992 zu lebenslanger Haft ohne die Möglichkeit einer Bewährung verurteilt – vor allem dank der Mafia-Ratte „Sammy the Bull" Gravano. Auch der Lucchese-Boss Vittorio Amuso und der Colombo-Boss Victor „Little Vic" Orena wurden 1992 zu lebenslanger Haft verurteilt (Orena erhielt sogar dreimal lebenslänglich). Vincent „Chin" Gigante, der Boss der Genovese-Familie, dessen unberechenbares Verhalten ihm den Spitznamen „The Oddfather" (der kauzige Vater) einbrachte, wurde Ende 1997 zu zwölf Jahren Haft und einer Geldstrafe von 1,25 Millionen Dollar verurteilt. Trotz alledem blieb Massino aufrecht – zumindest für die nächsten Jahre. New York City gehörte nun endlich wieder der Bonanno-Familie.

KAPITEL 8

MASSINO, MANCUSO UND DIE MAFIA IN DEN 2020 ER JAHREN

In den späten 1990er Jahren war das FBI zunehmend frustriert. Der Grund: Die Verjüngung der Bonanno-Familie. Außerdem war es dem FBI nicht möglich, Joe Massino festzunehmen. Das neue Jahrtausend bot jedoch neue Möglichkeiten, die Familie zu zerschlagen. Es war nur eine Frage der Zeit, bis Massinos neues Regime zerbrechen würde. In den frühen 2000er Jahren wurde gegen den Unterboss Sal Vitale ermittelt, der bei Massino in Ungnade gefallen war. Im Jahr 2001 bekannte er sich in einem Punkt schuldig, im Jahr darauf in weiteren Anklagepunkten wegen Kreditharassung. Anstatt sofort ins Gefängnis zu kommen, wurde Vitale unter Hausarrest gestellt und überwacht. Massino vermutete, dass sein Unterboss einen Deal mit dem FBI abgeschlossen hatte. Jeder andere in der Familie hätte eine viel härtere Strafe bekommen, dachte Massino. Vitale wurde schnell degradiert und durch Richard Cantarella ersetzt. Cantarella war einer der Männer, die Jahre zuvor für den Anschlag auf Tony Mirra verantwortlich gewesen waren – als Vergeltung für die Unterwanderung durch Donnie Brasco. Für „Shellackhead" Cantarella war das natürlich ein Schritt nach oben, doch er hatte nicht viel zu feiern, wie er bald feststellen sollte. Um an Massino heranzukommen, ermittelte das FBI gegen Cantarella und suchte nach Möglichkeiten, ihn und andere hochrangige Bonanno-Männer zu überführen.

Irgendwann im Jahr 2000 fand das FBI einen Weg hinein – über einen ihrer Geschäftspartner namens Barry Weinberg, der mehrere gebührenpflichtige Parkplätze in der Stadt besaß. Weinberg hatte mit mehreren hochrangigen Mitgliedern der Bonanno-Familie zusammengearbeitet, darunter Massino selbst sowie Sal Vitale und Cantarella. Weinberg wurde in die Ermittlungen einbezogen, und das Team, das den Bonannos zugeteilt war, fand bald heraus, dass der „Parkplatz-König" Millionen von Dollar an unbezahlten Steuern dem Finanzamt schuldete, die mindestens bis in die späten 1980er Jahre zurückreichten. Das war der Aufhänger, den sie brauchten. Anfang 2001 griff das Team Weinberg auf und legte ihm die Ergebnisse der Ermittlungen vor. Sie stellten ihm eine jahrelange Gefängnisstrafe in Aussicht, boten ihm aber einen Ausweg an. Vielleicht würden das FBI und das Finanzamt über seine gefälschten Steuererklärungen hinwegsehen, wenn er Undercover-Arbeit gegen seine Geschäftspartner leisten würde. Offenbar gab Weinberg leichtfertig nach. Er willigte sogar ein, sich verkabeln zu lassen und Treffen mit Cantarella und seinem Team zu arrangieren, um alle illegalen Themen aufzuzeichnen, die im Gespräch zur Sprache kamen. Als die Aufnahmegeräte eingeschaltet waren, nahmen sie auf, wie Cantarella sich und den Bonanno-Boss eindeutig belastete, indem er offen über ihre Erpressungstaktiken sowie ihre Kredit- und Glücksspielgeschäfte sprach. Cantarella plauderte sogar über Entführungen, in die die Familie verwickelt war, sowie über einen aufsehenerregenden

Mordfall an dem „New York Post"-Mitarbeiter Robert Perrino aus den frühen 90er Jahren.

Um 1992 herum begannen die staatlichen Strafverfolgungsbehörden, gegen die „New York Post" zu ermitteln, da sich die Beweise häuften, dass die Mafiosi der Bonanno-Familie unzulässigen Einfluss auf den Betrieb der Zeitung ausübten. Dazu gehörten auch eine Reihe sogenannter „No-Show"-Stellen. Im Grunde waren es nutzlose Positionen ohne Verantwortung, die dazu dienten, das Einkommen auf die Konten der Mafiosi abzuschöpfen. Robert Perrino war einer der Männer, gegen die ermittelt wurde, da er dafür bekannt war, unter dem Schutz der Bonanno-Männer Betrügereien bei der Zeitung durchzuführen. Die Bonanno-Führung erfuhr von den staatlichen Ermittlungen und war der Meinung, dass Perrino am leichtesten zu überführen sei – er musste beseitigt werden. Unter der Leitung von Massino, Vitale und dem Consigliere Tony Spero wurde der Superintendent der New York Post ermordet. Lange Zeit wurde angenommen, dass ein Mann der Bonanno-Familie hinter seinem Verschwinden steckte. Etwa ein Jahrzehnt später hatten die Bundesbehörden alle nötigen Beweise.

Ende 2002 wurden etwa 20 Soldaten und Partner der mächtigen Bonanno-Familie verhaftet und mit RICO-Klagen überzogen. Diese beruhten auf dem RICO-Gesetz (Racketeer Influenced and Corrupt Organizations Act) von 1970, das der Mafia seit Ende der 70er Jahre großen Schaden zufügte. Dieses Gesetz sah zwei wichtige Bestimmungen vor: Erstens erlaubte es den Staatsanwälten, direkte Verbindungen zwischen Kriminellen innerhalb einer Organisation herzustellen. Wurde eine Einzelperson beispielsweise wegen

Kredithais angeklagt und stellte sich heraus, dass sie im Dienste eines größeren Verbrechersyndikats handelte, konnten die Staatsanwälte versuchen, Verbindungen bis hin zum Anführer der Organisation herzustellen, unter dessen Leitung die Tat vermutlich begangen wurde. Zweitens war es möglich, das Vermögen einer beschuldigten Person zu beschlagnahmen, wenn anzunehmen war, dass es durch kriminelle Aktivitäten erworben worden war. Dies war eine ernste Sache. Diese Verfahren waren sehr kostspielig und oft gingen die Mafiosi pleite, bevor ihr Fall abgeschlossen war. Außerdem fielen bei einer Verurteilung in der Regel sehr viel höhere Strafen an. RICO-Klagen konnten ganze Banden und sogar Familien dezimieren.

Bei den Massenanklagen im Jahr 2002 wurde Richie Cantarella nicht verschont. Einer ihrer Capos, Frank Coppa, wurde ebenfalls angeklagt. Coppa war bereits Monate zuvor zu sieben Jahren Haft verurteilt worden, da er eine führende Rolle im Pump-and-Dump-Investmentbetrug der Bonannos gespielt hatte. Dabei wurden Börsenmakler erpresst, um den Wert eines Unternehmens in die Höhe zu treiben, an dem die Bonannos große Mengen an Aktien hielten. Er saß also bereits einige Zeit im Gefängnis, als ihm der Fall Weinberg in den Schoß fiel. Der 1941 geborene Coppa war noch nicht sehr alt, als er seine erste Strafe erhielt, und er war offenbar stark genug, um sich zu weigern, seine Freunde zu verraten, während er seine Strafe absass. Doch mit der RICO-Anklage wegen Erpressung, die durch Weinbergs Aufnahmen ausgelöst wurde – es gab viele mit Coppas Stimme – stand er vor der Aussicht, nie wieder als freier Mann das Licht der Welt zu sehen. Das wäre für jeden eine harte Pille gewesen, die er hätte schlucken müssen – für Coppa war es sicherlich zu viel. Es bedurfte keiner großen Überzeugungsarbeit, um ihn dazu zu bringen, gegen die Familie zu kooperieren. Er „wollte nicht im Gefängnis sterben, weit weg von seinen Enkeln", und beschloss, einen Deal zu machen (DeStefano, 2008). Selbst Massinos vermeintlicher Gefängnisfonds, aus dem er wahrscheinlich ohnehin gestohlen hatte, konnte eine lebenslange Haftstrafe nicht verhindern.

So kam es, dass Kapitän Frank Coppa der erste Angehörige der Bonanno-Familie war, der sich bereit erklärte, die Familie zu verraten. Alle Schritte, die Massino unternommen hatte, und alle Vorkehrungen, die er getroffen hatte, um dies zu verhindern, waren umsonst. Das war für viele ein Problem, denn Coppa hatte durch seine verschiedenen kriminellen Aktivitäten schon viel über die Bonannos herausgefunden. Doch das war erst der Anfang einer langen Reihe von Leuten, die bald als Zeugen für die Regierung aussagen sollten. Während der Verhöre mit Coppa wurde Richie Cantarella in die bis heute nicht aufgeklärten Morde an Tony Mirra und Robert Perrino verwickelt. Der Rest der Familie erfuhr bald von Coppas Verrat – vor allem Cantarella fürchtete, dass er nun keine realistische Chance mehr hatte, mit den beiden Morden und dem Rest seiner Anklagen wegen organisierter Kriminalität davonzukommen. Er befand sich nun in der gleichen Lage wie Coppa – er hatte keinen anderen Ausweg aus seiner Situation, als sich gegen seine Freunde und Partner zu wenden. Cantarella akzeptierte den Deal, den ihm die Staatsanwaltschaft Ende 2002 anbot. Er schloss sich Coppa an und gab alles, was er über die Aktivitäten der Bonanno-Familie wusste, an das FBI und die staatlichen Behörden weiter.

Auch Sal Vitale wurde sowohl von Coppa als auch von Cantarella belastet. Abgesehen von seinen Verbrechen und der Schutzgelderpressung erzählten sie dem FBI auch von seiner schlechten Beziehung zu Boss Massino. Sie berichteten sogar, dass der Don hin und her überlegt hatte, Vitale töten zu lassen, und schließlich einen Auftrag auf seinen Kopf ausgestellt hatte. Als Vitale Anfang 2003 zusammen mit Lino und sogar Joe Massino selbst verhaftet und angeklagt wurde, hatten die Staatsanwälte also mehr als genug Munition, um auch den Unterboss zu überführen. Als Vitale erfuhr, dass Coppa und Cantarella ihm nicht nur allerlei unterstellten, sondern dass Massino seinen Schwager nicht nur aus dem Verkehr zog, sondern sogar umbringen ließ, war es mit seiner bisherigen Loyalität vorbei. Vitale war die nächste wichtige Figur, die innerhalb weniger Monate umkippte. Aufgrund seiner Position wusste Vitale viel über die Geschäfte der Bonanno-Familie. Die Nachricht, dass er ein Informant war, löste in der ganzen Familie Panik aus. Je mehr Leute auspackten, desto mehr schwand die Loyalität – niemand wollte der traurige Gangster sein, der ohne Kooperationsvereinbarung dem Zorn des Gerichts ausgeliefert ist und auf den seine ehemaligen Mitstreiter vor Gericht zeigen. (Lamothe & Humphreys, 2008)

Frank Lino folgte Vitale bald darauf, wahrscheinlich, weil sie im Laufe der Jahre an der Planung zahlreicher Morde beteiligt gewesen waren und Lino sich keinen Grund vorstellen konnte, warum Vitale ihn vor den Konsequenzen verschonen würde. Viele mächtige Capos und Soldaten arbeiteten jetzt mit der Staatsanwaltschaft zusammen und erhielten im Gegenzug stark reduzierte Strafen. Die meisten von ihnen sollten nach ihrer Entlassung ins

Zeugenschutzprogramm aufgenommen werden. James Tartaglione, ein weiterer Bonanno-Capo, entschied sich mitten im Chaos freiwillig umzudrehen – er war noch nicht einmal angeklagt. Für Boss Joe Massino, der mit ansehen musste, wie die Integrität seiner gesamten Familie zerfiel, sah die Lage unglaublich düster aus. Als er schließlich in den Zeugenstand trat, sah er sich „den Aussagen einer Parade von abtrünnigen Mafiosi" gegenüber (The Herald Times, 2004). Ihm drohte eine harte Strafe, die ihn wahrscheinlich im Gefängnis sterben lassen würde, denn er war wegen Erpressung, Brandstiftung und Mordes angeklagt, darunter auch wegen der Morde an Mirra und Sonny Black Napolitano. Die beiden waren in den 80er Jahren nach den Brasco-Ermittlungen verschwunden. Es gab aber noch einen weiteren Mord, wegen dem gegen ihn ermittelt wurde: Gerlando „George aus Kanada" Sciascia. Der Prozess dafür sollte nach den anderen RICO-Prozessen stattfinden. Wenn Massino jedoch für schuldig befunden wird, droht ihm möglicherweise die von der Staatsanwaltschaft empfohlene Todesstrafe.

Am 30. Juli 2004 wurde Massino für die ursprüngliche RICO-Anklage schuldig gesprochen, was eine lebenslange Haftstrafe und eine Geldstrafe von etwa zehn Millionen Dollar bedeutete. Damit war der Bonanno-Boss endlich gestürzt und der letzte Anführer der NYC Five Family, der ins Gefängnis musste. Nachdem er im ersten Prozess mit Leichtigkeit verurteilt worden war, schien es sehr wahrscheinlich, dass er auch für den Mord an Sciascia schuldig gesprochen werden würde. So viele seiner ehemaligen Freunde waren gegen ihn – Leute, deren Loyalität er nie zuvor infrage gestellt hatte. Jeder von ihnen war darauf erpicht, Massino als denjenigen darzustellen, der wirklich das Sagen hatte, der wirklich schuldig war. Sicherlich hat Massino zwischen 2001 und 2004 seinen Glauben an die Ehre der Mafia verloren. Der Omertà-Kodex war nicht mehr gültig, sondern nur noch ein Brauch aus vergangenen, respektvolleren Zeiten. Alle anderen verkauften sich, um sich selbst zu retten – warum sollte er der einsame Märtyrer der Mafia sein und die ganze Strafe auf sich nehmen? Welchen Anreiz hatte er jetzt, seinen Mund zu halten? Seine Ehre würde nicht mehr viel bedeuten, wenn der Staat beschloss, ihn zu töten. Damit wurde Massino ironischerweise, aber nicht überraschend, der erste Boss einer der Fünf Familien, der vollständig und bereitwillig mit dem Staat kooperierte. Offenbar hatte er sich selbst um einen Deal bemüht.

Er willigte ein, ein Aufnahmegerät zu tragen, wenn seine Mafiakollegen ihn im Gefängnis besuchten, um über Geschäfte zu sprechen. Später erschien er vor Gericht als Zeuge gegen andere Mafiosi, gegen die ermittelt wurde. Zusammen mit Vitale und Massino war er dafür verantwortlich, dass Dutzende von Mafiosi hinter Gittern landeten. Die Bonanno-Familie, die einst als Organisation mit dem strengsten Sinn für Disziplin und Loyalität galt, war nun die wichtigste Quelle für Mafia-Informanten. Zwar drohte Massino immer noch eine lebenslange Haftstrafe, aber zumindest wurde er bei diesem neuen Deal nicht zum Tode verurteilt und seine Familie war versorgt, während er ohne Zugang zu den Reichtümern, denen er sein Leben lang hinterhergejagt war, dahinvegetierte. Jahre später, im Jahr 2013, nachdem er vor Gericht gegen seine ehemaligen Kollegen wie Vincent Basciano, der wegen Mordes angeklagt war, und Tony Romanello, einen Hauptmann der Genovese-Familie, ausgesagt hatte, wurde Massino unter Aufsicht entlassen. Basciano war der amtierende Boss der Familie, bis Massino ausrastete, während ein großer Teil der restlichen Familie unter Massenanklage stand. Jetzt, mit 70 Jahren, bestand für Massino kaum noch die Gefahr, in ein kriminelles Leben zurückzukehren, vor allem, da ihn keine Mafia-Bande jemals wieder willkommen heißen würde. Er hatte viel für die Regierung und die Staatsanwaltschaft getan – das war seine Belohnung. Zu dieser Zeit verschlechterte sich auch sein Gesundheitszustand, was häufig ein Grund für eine vorzeitige Entlassung aus dem Gefängnis ist. Massino überlebte jedoch weitere zehn Jahre. Er wurde krank und starb im Spätsommer 2023.

Als Vincent Basciano, der amtierende Boss, zwischen 2007 und 2011 mit rechtlichen Problemen zu kämpfen hatte, wählte er Salvatore Montagna, einen in Kanada geborenen Capo, der eine Stahl- und Eisenfabrik in Brooklyn besaß, zum nächsten amtierenden Boss an seiner Stelle. Montagna ernannte Nicky Santora, den Capo, der die alte Crew des verstorbenen Sonny Black Napolitano übernommen hatte, zu seinem Unterboss. Tony Rabito, ein alter Hase aus den späten 2000er Jahren, wurde sein Consigliere. Sowohl Santora als auch Rabito hatten aufgrund der Aussagen des FBI-Agenten Joe Pistone im Gefängnis gesessen, da sie direkt in den Fall Donnie Brasco verwickelt waren. Mit einer jungen Führung und zwei erfahrenen Männern an seiner Seite begann sich die Bonanno-Familie wieder zu reformieren. Trotz Montagnas Alter, das eine jahrzehntelange Herrschaft ermöglicht hätte, war er nicht dazu bestimmt, lange Boss zu bleiben. Bei all den Bonanno-Machern, die in den letzten Jahren zu Informanten geworden waren, war es nur eine Frage der Zeit, bis sie etwas über den Stahlfabrikanten ausgraben würden. Im Jahr 2009 fiel der Hammer. Da Montagna gebürtiger Kanadier war und nicht die amerikanische Staatsbürgerschaft besaß, sah sich die US-Regierung veranlasst, ihn des Landes zu verweisen. Sein Einwanderungsstatus wurde widerrufen, er wurde nach Kanada abgeschoben und ließ sich schließlich in Montreal nieder, wo er in der Rizzuto-Familie für Aufsehen sorgte.

In der Zwischenzeit hatten die Rizzutos mit Problemen zu kämpfen, die für den ehemaligen Boss, der zum Deportierten geworden war, eine Chance darstellten. Vito, der damalige oberste Verbrecher in Montreal, war 2004 in den Mord an den drei Capos während des Kampfes zwischen Rot und Schwarz in den 1980er Jahren verwickelt. Er war einer der Kanadier, die bei dem Hinterhalt und der Hinrichtung helfen sollten. Der Boss wurde in jenem Jahr verhaftet und gab viel Geld aus, um die Versuche der kanadischen Regierung abzuwehren, ihn an die USA auszuliefern, wie es die amerikanische Staatsanwaltschaft gefordert hatte. Da das kanadische Recht die Todesstrafe verbietet, weigerte man sich, Vito auszuliefern, solange diese Möglichkeit bestand. Die Staatsanwälte in Brooklyn nahmen die Todesstrafe schließlich vom Tisch, um Vito für einen Prozess ins Land zu holen, was ihnen 2006 auch gelang. Massino, einer der Männer, die Vito den Auftrag verschafft hatten, war inzwischen übergelaufen und mehr als bereit, gegen den Don aus Montreal auszusagen. Rizzuto war jedoch bereit, sich auf einen Deal einzulassen, und tat dies, bevor Massino die Chance dazu bekam. Er erhielt eine hohe Geldstrafe und musste zehn Jahre Gefängnis in einer Strafanstalt in Colorado absitzen. Während Vito von der Bildfläche verschwunden war, versuchte Montagna die Kontrolle über die Unterwelt von Montreal zu erlangen. Er geriet jedoch mit einigen der Rizzuto-Männer aneinander. Montagna wurde 2011 ermordet.

Nachdem Montagna aus dem Land geworfen worden war, wurde Vincent Badalamenti, der Fernsehverkäufer und Bagel-Shop-Besitzer, angeblich der neue Chef, zumindest dem Titel nach. Anfang 2012 wurden der „neue Chef" und Nicky Santora angeklagt. Einige Monate später bekannte sich Badalamenti des Kredithakens schuldig und wurde für eineinhalb Jahre inhaftiert. Santora wiederum bekannte sich ein Jahr später der Erpressung schuldig und erhielt eine um etwa zwei Monate längere Strafe als Badalamenti. Im Jahr 2013 wurden einige andere Mafiosi aus Santoras Bande verhaftet, viele von ihnen mit illegalen Waffen. Der Staat New York hatte sie wegen Kredithaierei, Glücksspiel – sie sollen von Costa Rica aus einen riesigen Sportwettenring betrieben haben – und Drogenhandel angeklagt. Die Regierung von New York nutzte die Anklagen, um die öffentliche Unterstützung für den Kampf gegen das organisierte Verbrechen zu erneuern. Sie präsentierte die große Zahl der verhafteten Gangster sowie den Wert ihrer internationalen kriminellen Unternehmungen als Beweis dafür, dass die Mafia in New York City ein Comeback erlebt. Cyrus Vance, der Bezirksstaatsanwalt von Manhattan, behauptete, dass „die Anklagen gegen diese Bonanno-Crew und ihren Kapitän Nicholas Santora deutlich machen, dass das traditionelle organisierte Verbrechen sich weigert, zu verschwinden" (Scarpo, 2018). Seit den 1980er Jahren, als die New Yorker Mafia mit einer Flut von RICO-Anklagen konfrontiert wurde, die fast jede einzelne

Mafia-Familie dezimierten, glaubten viele in der Öffentlichkeit, dass die Mafia weitgehend besiegt sei und kein Thema mehr darstelle. Sogar die Regierung begann später, sie ähnlich zu behandeln, als die nationalen Strafverfolgungsbehörden ihren Schwerpunkt von der organisierten Kriminalität auf die Terrorismusbekämpfung und den Heimatschutz verlagerten. Das Jahr 2013 erinnerte jedoch auf grausame Weise an ihre Präsenz.

In jenem Jahr wurde Mike Mancuso, der zu diesem Zeitpunkt bereits im Gefängnis saß, zum neuen Bonanno-Don ernannt. Er hatte eine Strafe von bis zu 15 Jahren für den Mord an Randy Pizzolo, einem Mitarbeiter der Bonanno-Familie, abgesessen. Tony Aiello, ebenfalls ein Soldat der Familie, wurde ebenfalls angeklagt und erhielt die doppelte Strafe, da er angeblich den Abzug bei Pizzolo betätigt hatte. Nachdem Mancuso für den Posten ausgewählt worden war, machte er Thomas „Tommy D" DiFiore zu seinem stellvertretenden Chef auf der Straße. DiFiore war zu diesem Zeitpunkt fast 70 Jahre alt, saß aber wenigstens nicht im Gefängnis. Außerdem hatten die Mafia-Familien über die Jahre hinweg ältere Mitglieder in Spitzenpositionen befördert, wann immer es möglich war. Wenn diese verhaftet wurden, erhielten sie in der Regel weitaus geringere Strafen als junge Männer. Sie hatten in der Regel überzeugende gesundheitliche Probleme, die ihre Verteidiger nutzen konnten, um für eine mildere Strafe zu plädieren. So wurden aus zehn Jahren für einen jungen Capo vielleicht nur ein oder zwei Jahre für einen alten, kranken Boss. DiFiore führte das Tagesgeschäft der Familie bis 2015 weiter, als er wegen Erpressung angeklagt wurde, um unrechtmäßig geschuldete Schulden einzutreiben (d. h. er agierte als Kredithai). Er bekannte sich schuldig und erhielt eine Strafe von 21 Monaten, die er bereits verbüßt hatte. Das bedeutet, dass zum Zeitpunkt seiner Verurteilung nur noch sieben Monate seiner Strafe übrig waren.

In DiFiores Abwesenheit war Capo Joe Cammarano der amtierende Boss. Leider löste dies einen weiteren Machtkampf in den Überresten der Bonanno-Familie aus, als sich die Mitglieder in zwei Fraktionen aufteilten. Die einen waren Mancuso-Loyalisten, die anderen favorisierten Cammarano und wollten, dass er die Macht des immer noch inhaftierten Mancuso vollständig übernimmt. Cammarano war offensichtlich kein Freund von Krieg und wollte stattdessen als fairer und diplomatischer Machtsieger dastehen. Im Glauben, die Mehrheit der Capos würde ihn unterstützen, ließ er darüber abstimmen, um es offiziell zu machen und weniger verräterisch zu wirken. Der diplomatische Coup scheiterte jedoch und Mancuso behielt den Titel des Chefs. Einige Jahre später, als Mancuso entlassen wurde, gehörte zu seinen ersten Befehlen, Cammarano wegen dessen Verhaltens als amtierender Boss dauerhaft in den „Ruhestand" zu schicken. Cammarano wurde angegriffen, doch die Schläge waren erfolglos. Mancuso soll auch einen Vertrag mit Cammaranos Brüdern abgeschlossen haben.

Mitte der 2010er Jahre gab es ein weiteres großes Problem für die Familie. Im Winter 2017 wurde ein Bonanno-Capo namens Damiano Zummo zusammen mit mehreren anderen Mitgliedern seiner Gruppe verhaftet und wegen Drogenhandels und Waffenbesitzes angeklagt. Zwei Jahre zuvor war Zummo nach Kanada geflogen, um die Aufnahmezeremonie mehrerer neuer Mitglieder der Torontoer Fraktion der Bonanno-Familie durchzuführen. Die Zeremonie fand in der Gegend von Toronto–

Hamilton statt und wurde von amerikanischen und kanadischen Mafiaführern geleitet. Zu Zummos und den Bonannos' Unglück war Enzo Morena einer der Männer, die sie an diesem Tag in ihren Reihen willkommen hießen. Keiner der anwesenden Mafiosi wusste, dass Morena ein Informant war, der seit mehr als drei Jahren mit der Regierung zusammenarbeitete. Die gesamte Einführungszeremonie sowie unzählige Stunden anderer Gespräche wurden aufgezeichnet. Als wäre das nicht schon schlimm genug, gab es noch einen weiteren Betrüger unter den Männern, die während der Zeremonie aufgenommen wurden. Er war ein Undercover-Polizist, der die Familie infiltriert hatte und tatsächlich Soldat geworden war. Es war wie in Donnie Brasco, nur dass er dieses Mal die Chance bekam, der Familie offiziell beizutreten und sowohl Audio- als auch Videoaufnahmen der geheimsten Mafia-Traditionen zu erhalten, die zu diesem Zeitpunkt bereits ein Jahrhundert zurücklagen. All dies war Teil einer gemeinsamen amerikanisch-kanadischen Operation zur Untersuchung der Rolle des organisierten Verbrechens im Drogen- und Waffenhandel und die Aufnahmezeremonie war das Sahnehäubchen auf dem bereits erfolgreichen Kuchen. Es handelte sich um dieselbe Untersuchung, die zur Anklage von Zummo und zur Verhaftung von zwei weiteren Mafiosi führte: Giuseppe und Domenico Violi, zwei Söhne des einstmals berühmten Bonanno-Capos Paolo Violi aus der ehemaligen Cotroni-Familie.

Im Jahr 2022 war Mancuso bereits seit einiger Zeit aus dem Gefängnis entlassen. In diesem Jahr fand die Beerdigung von Vito Grimaldi statt, einem angesehenen Bonanno-Capo und zufälligerweise Schwiegervater von Joe Cammarano. Mancuso warnte den ehemaligen Boss, der in Ungnade gefallen war, direkt davor, sich bei der Beerdigung blicken zu lassen. Als dieser sich trotzdem entschloss, teilzunehmen, kam es zu einem heftigen Handgemenge. In seiner Begleitung befanden sich seine Brüder und eine angeheuerte Gruppe von Schlägern, die als Sicherheitsteam fungierten, für den Fall, dass die Dinge aus dem Ruder laufen würden. Sie waren offenbar Mitglieder einer New Yorker Motorradgang. Mancusos Männer kämpften gegen Cammarano und seine Biker-Verbündeten, wobei mehrere Personen auf beiden Seiten schwer verletzt wurden. Daraufhin erteilte Mancuso seinen Männern den Auftrag, die Häuser der Brüder zu zerschießen und ihre Geschäfte in Brand zu setzen. Angeblich sind sie seitdem untergetaucht.

FAZIT

Für immer ist der "Ruhm" der Organisation dahin, der dem alten Castellammarese-Boss Joe Bonanno seinen Namen aufgedrückt hat. Die Familie, die früher in New York City stark war, während die anderen um sie herum schwach wurden, ist jetzt nur noch ein schwacher Abglanz von dem, was sie einmal war, und wankt. Die alten Regeln und Kodizes, die die Mafiosi davon abhielten, sich gegenseitig zu bekämpfen, sind schon vor Jahrzehnten in Vergessenheit geraten. Selbst Leute wie Joe Massino hielten bis in die 1990er Jahre und darüber hinaus an ihrem festen Glauben an den Wert der Omertà fest. Aber sie erkannten irgendwann, dass es sinnlos ist, an alten Prinzipien festzuhalten. Schließlich missachtet die neue Generation diese völlig. Freundschaften in der mafiösen Unterwelt gehen nur so weit, wie es das Geschäft zulässt. Bargeld war immer das Einzige, was in diesem Leben wirklich zählte, aber der Sinn für gegenseitigen Nutzen und Kameradschaft war in der Ära von Typen wie Lucky Luciano, Vito Genovese, Tommy Lucchese und Joe Bananas viel stärker. Heute reicht schon die Androhung einer RICO-Anklage aus, um viele Leute zum Aussteigen zu bewegen.

Ein Grund für diese Entwicklung war die Entscheidung der amerikanischen Strafverfolgungsbehörden. Sie behandelten das organisierte Verbrechen endlich als echte Bedrohung für die Gesellschaft. Als die Polizeibehörden weniger korrupt wurden und sich schwieriger bestechen ließen, verloren auch die verschiedenen Mafia-Familien in den amerikanischen Großstädten an Einfluss. Im Vergleich zu den 1990er Jahren und der Zeit danach war die Ära der Schwarzbrenner und der opferlosen Lasterverbrechen wirklich das goldene Zeitalter für die amerikanische Mafia. Ein weiterer Hauptgrund für den Mangel an Integrität selbst unter den hartgesottensten Mafiosi ist die Einführung von Drogen als Haupteinnahmequelle für die New Yorker Familien. Drogen wirkten wie Gift für die Crews, die sich an ihrem Vertrieb beteiligten. Obwohl sie eine sehr große und schnelle Rendite versprachen, schienen sie auch unglaublich harte Strafen zu garantieren. Diese Strafen wollten die Männer unbedingt vermeiden, vor allem diejenigen, die eine Familie zu Hause hatten. Es wurde immer einfacher, seine engsten Freunde zu verpfeifen, bis dies schließlich zur Standardoption wurde. Die Mafia versuchte, mit den Strafverfolgungsbehörden zusammenzuarbeiten und neue Wege zu finden, um ihre Taktiken zu bekämpfen. Letztendlich waren jedoch Gier, Völlerei und Egoismus die Ursache für ihren Untergang, insbesondere den der Bonanno-Familie. Was als Nächstes auf die Bonannos zukommt und wo sie sich in der Geschichte der Mafia wiederfinden werden, ist unklar. Klar ist jedoch, dass die Familie offensichtlich immer noch tief zerrissen ist. Wie alle anderen Familien sind auch sie anfällig für zerstörerische Egos, gewalttätige Machtergreifungen und Bürgerkriege.

Man fragt sich, wie der Kurs der Familie verlaufen wäre, wenn Joe Bananas in den 1960er Jahren nicht Opfer seiner eigenen Habgier geworden wäre. Er brachte seine mächtige Familie auf einen Weg, von dem sie sich nie wieder ganz erholte – und ihr Unglück konnte überzeugend auf den Namensgeber der Familie selbst geschoben werden. Zwar war er nicht direkt dafür verantwortlich, was in den 1980er und 1990er Jahren und darüber hinaus mit der Familie geschah, aber Persönlichkeiten wie er haben die Mafia ins Licht der Öffentlichkeit gerückt. So sehr man die jüngere Generation der Mafiosi für ihren Mangel an Ehre tadeln kann, so sehr muss man sich auch daran erinnern, wer diese Präzedenzfälle überhaupt erst geschaffen hat. Schließlich schrieb Don Peppino in den 1980er Jahren ein Enthüllungsbuch, nachdem er sich aus dem Mafialeben zurückgezogen hatte – ein Luxus, den sich Mafiosi normalerweise nicht leisten konnten. Daher ist es kaum verwunderlich, dass Typen wie Massino überhaupt noch an den überholten Mafia-Lehren festhalten konnten. Trotz der letztlich negativen Auswirkungen, die der ursprüngliche Boss der Familie auf das organisierte Verbrechen hatte, ist keine andere Mafiafamilie in der Geschichte so eng mit einem einzigen Mann verbunden: Joe Bonanno. Er ist bis heute der Inbegriff eines Mafiabosses und ruft Bilder einer einfacheren Zeit im Leben der Mafia hervor, in der die Bosse jahrzehntelang regierten und jeder von ihnen schien die ganze Welt in der Hand zu haben.

REFERENZEN

Amorusa, D. (2010 November 3). "Nachwehen eines Anschlags: Der Mord an drei Bonanno-Captains". GangstersInc. https://gangstersinc.org/profiles/blogs/aftermath-of-a-hit-the-murder#google_vignette

DeStefano, A. (2008). *King of the Godfathers*. Kensington Books.

Faber, H. (1979 December 5). "Käseunternehmen wird auf Verbindungen zum organisierten Verbrechen untersucht." *New York Times.* https://www.nytimes.com/1979/12/05/archives/cheese-company-studied-for-organized-crime-tie-letter-to-joseph.html

Humphreys, A. (2017 November 9). "'Glückwunsch': Undercover-Agentin wird in geheimer Zeremonie in die Mafia aufgenommen, die von der Polizei auf Video aufgezeichnet wurde". *National Post.* https://nationalpost.com/news/canada/congratulations-undercover-agent-inducted-into-mafia-in-secret-ceremony-in-canada-captured-on-video-by-police

Lamothe, L. & Humphreys, A. (2008). *Die sechste Familie: Der Zusammenbruch der New Yorker Mafia und der Aufstieg von Vito Rizzuto*. Mississauga: Wiley Books.

"'Last don' Joseph Massino verurteilt, ihm droht eine Gefängnisstrafe." (2004 Juli 31). *The Herald Times.*

Pistone, D. (1989). *Donnie Brasco: Mein verdecktes Leben in der Mafia.* New York: Penguin Press.

Raab, S. (2005). *Fünf Familien: Aufstieg, Niedergang und Wiederaufstieg von Amerikas mächtigsten Mafia-Imperien.* New York: Thomas Dunne Books.

Scarpo, E. (2014 December 1). "Bonannos Plan bewahrte den Frieden in Kanadas Mafia". *CosaNostraNews.* https://www.cosanostranews.com/2014/12/bonannos-original-plan-kept-peace-in.html#google_vignette

Scarpo, E. (2016 March 12). "Was Mafiaboss Vito Rizzuto tat, als Joe Massino ausflippte. "*CosaNostraNews.* https://www.cosanostranews.com/2016/02/what-vito-rizzuto-did-when-joe-massino.html

Scarpo, E. (2018 Oktober 29). "Riches to rags to riches: Profil des langjährigen Bonanno-Mobsters Nicky Zigarren Santora". *CosaNostraNews.* https://www.cosanostranews.com/2018/10/nicky-cigars-santora-historical-profile.html

Sitwell, B. (2020 April 29). "Der wahre Grund, warum Top-Mafiosi nicht im Zweiten Weltkrieg gekämpft haben". WeAretheMighty. https://www.wearethemighty.com/mighty-history/mobsters-world-war-ii/

www.ingramcontent.com/pod-product-compliance
Lightning Source LLC
Chambersburg PA
CBHW071212070526
44584CB00019B/3005